T0169771

La philosophie est une réflexion pour qui toute matière étrangère est bonne, et nous dirions volontiers pour qui toute bonne matière doit être étrangère.

Georges Canguilhem

le chiffonnier de Paris

Walter Benjamin et les fantasmagories

du même auteur

Fantasmagories du capital. L'invention de la ville-marchandise, Paris, La Découverte / Zones, 2013.

Walter Benjamin. La passion dialectique, Paris, Armand Colin, 2014.

Walter Benjamin, *La Commune. La liasse « k » du Livre des passages,* Introduction, Rennes, Éditions Pontcerq, 2016.

Marc BERDET

le chiffonnier de Paris

Walter Benjamin et les fantasmagories

VRIN
Matière Étrangère

Ce livre est publié dans le cadre du *Proyecto Conicyt de Iniciación en Investigación* n° 111 402 76.

Directeurs de collection :
Bruce Bégout et Étienne Bimbenet

© Librairie Philosophique J. VRIN, 2015

Imprimé en France

ISSN 1961-8336

ISBN 978-2-7116-2637-3

www.vrin.fr

abréviations

PW : *Gesammelte Schriften*, vol. V : *das Passagen-Werk*
I : *Gesammelte Schriften*, vol. I
II : *Gesammelte Schriften*, vol. II
III, etc. : *Gesammelte Schriften*, vol. III, etc.
GB 1 : *Gesammelte Briefe*, vol. I
GB 2, etc. : *Gesammelte Briefe*, vol. II, etc.
Br. A-B : *Briefwechsel Adorno-Benjamin*

LP : *Paris, capitale du XIXe siècle. Le livre des passages*
I : *Œuvres I*
II : *Œuvres II*
III : *Œuvres III*
CB : *Charles Baudelaire. Un poète lyrique à l'apogée du capitalisme*
EF : *Écrits français*
Corr. 1 : *Correspondance*, vol. I
Corr. 2 : *Correspondance*, vol. II
Corr. A-B : *Correspondance Adorno-Benjamin*
Corr. GA-WB : *Correspondance Gretel Adorno-Walter Benjamin*

Les autres ouvrages de Benjamin traduits en français seront cités selon leur seul titre, éventuellement abrégé, dont on retrouvera les références complètes en bibliographie. On citera d'abord en italique, en français, le titre – parfois abrégé – du livre ou du texte concerné puis, si nécessaire, entre parenthèses, le numéro du fragment cité, puis la page en allemand, et enfin, entre crochets, l'édition française. Par exemple :

– Pour citer un passage du texte intitulé « Eduard Fuchs, collectionneur et historien », *Gesammelte Schriften*, vol. II, p. 465 [*Œuvres III*, p. 170], on notera comme suit : *Eduard Fuchs*, II, p. 465 [III, p. 170].

– Pour citer un passage de l'« Exposé de 1935 » du *Livre des passages*, on notera comme suit : *Exposé de 1935*, PW, p. 48 [LP, p. 37]. De même pour les *Notes pour « Passages »*, les *Passages*, les *Passages parisiens*, les *Passages parisiens II*, l'*Anneau de Saturne*, les *Notes pour l'exposé de 1935*, l'*Exposé de 1935, première version*, l'*Exposé de 1935* et l'*Exposé de 1939*.

– Enfin, si la traduction est modifiée, on le notera entre crochets après la pagination française, de cette manière : PW, p. 659 (Q2,2) [LP, p. 546, trad. modifiée].

introduction

« Reste encore, tu es tellement beau ! »
Goethe, *Faust*

Sifflotant, le nez en l'air, distrait par les panneaux lumineux, fasciné par les modes nouvelles, un homme se promène au gré de ses rêveries, échappant, pensif, aux nécessités capitalistes d'être utile. Grommelant, les sourcils froncés, scrutant le sol, obsédé par les recoins, les zones obscures, les objets abandonnés par la société, un autre fouine compulsivement sous les pas du premier, conférant une utilité nouvelle à tout ce qui ne « sert plus ». L'un est le flâneur, l'autre le chiffonnier.

du flâneur au chiffonnier

Le chiffonnier est tout autant détaché du monde commun que le flâneur, ce monde fait de conventions, d'objets et de symboles utiles. Mais il a une logique bien à lui qui manque à ce dernier. Le flâneur est une figure romantique, ingénue, à la démarche rhapsodique. Le chiffonnier une figure démoniaque, un obscur savant, au pas saccadé mais imperturbable. Le flâneur est désordonné, impulsif et ambigu ; le chiffonnier est méthodique, réfléchi et implacable. Le flâneur s'intéresse aux étoiles, aux symboles de souhait, à l'allégorie et aux « rêvoirs » ; le chiffonnier aux rêves brisés qui gisent sur le macadam et non pas dans les étoiles, aux objets qu'il peut y « collectionner » selon un ordre qui subvertit le fétichisme de la valeur d'échange.

Les commentateurs ont bien remarqué l'intérêt de Walter Benjamin (1892-1940) pour le flâneur, et sa tendance à se confondre avec lui. C'est probablement vrai du premier projet parisien de Walter Benjamin tel qu'il se présente d'abord, de 1927 à 1929, sous l'influence d'Aragon et de Franz Hessel. Le flâneur, personnage hésitant au seuil de la modernité, permet au philosophe allemand d'interpréter les fantasmagories du Second Empire, qui transfigurent la ville industrielle en chambre ou en paysage. En la personne de Baudelaire, le flâneur cristallise les ambiguïtés d'une époque à la fois attirée par les marchandises et nostalgique d'une « authenticité » perdue[1]. Benjamin lui-même flânait dans les passages couverts bordant la Bibliothèque nationale où il passait ses journées. Sur la trace des surréalistes, il cherchait à récupérer cette magie fantasmagorique d'antan, pour la mettre au service de la révolution[2]. Mais le philosophe flânait aussi dans les brocantes, les puces et les librairies des bibliophiles. Car il était aussi, depuis longtemps, un collectionneur (*Sammler*). Il dénichait toutes sortes de livres (rares, illustrés, pour enfant, de fous) et d'objets (des jouets surtout, en métal, en bois et même en papier mâché)[3]. La figure du collectionneur est par ailleurs centrale dans son analyse des intérieurs sous Louis-Philippe : ce personnage classe les objets dans un nouvel ordre détaché des nécessités sociales, et crée des fantasmagories qui oscillent entre sentimentalisme bourgeois et surréalisme[4].

Mais le collectionneur se cantonne aux salons. Dans la rue, c'est le chiffonnier qui prend la relève. Ce collecteur de haillons (*Lumpensammler*), lève l'ambiguïté politique du collectionneur

---

1. *Charles Baudelaire*, I, p. 537-569 [CB, p. 57-100] et PW, p. 54-56, 69-72, 301-489 et 524-569 [LP, p. 42-43, 54-56, 247-404 et 434-472]. Sauf mention contraire, tout au long du livre, pour alléger l'appareil de notes, la dernière note comprend les références (de même source ou de différentes sources) du texte ou des citations qui précèdent.

2. *Le surréalisme*, II, p. 295-310 [II, p. 113-134].

3. *Je déballe ma bibliothèque. Une pratique de la collection* (voir notamment la préface de Jennifer Allen, p. 7-38) ; *Enfance* (notamment les différents textes sur les jouets, p. 83-186) et *Walter Benjamin. Archives*.

4. PW, p. 52-53, 67-69 et 269-280 [LP, p. 40-42, 52-54 et 220-229].

(sentimentalisme/surréalisme) : son ivresse est celle des barricades, aux côtés du *Lumpenproletariat*.

Le chiffonnier apparaît tardivement dans l'œuvre de Benjamin, mais il semble que le philosophe, mort avant d'achever son œuvre, voulait lui donner une place décisive. Il compulse des récits de vie de chiffonnier[1], et affecte à ce caractère social une catégorie dans ses notes, au même titre que le flâneur et le collectionneur. Parallèlement à l'intégration de la figure du *Lumpensammler* dans son travail sur Paris, Benjamin abandonne la démarche rhapsodique qui était la sienne jusque-là, pour adopter une méthode plus systématique. C'est avec l'histoire sociale qu'il donne alors une ampleur plus sociologique à toutes les notes et citations collectionnées pendant des années. Il s'inspire en cela du « collectionneur et historien » Eduard Fuchs, auquel il consacre un long article en 1937[2]. Comme le chiffonnier ramassait les rebuts de l'industrie, Benjamin fait parler les haillons de l'histoire. Le personnage historique du chiffonnier vient non seulement se placer aux côtés de celui du flâneur en tant qu'objet d'étude de Benjamin mais, plus encore, il se voit élevé au rang de personnage épistémologique[3], livrant une clé susceptible d'ouvrir le mystérieux *Travail des passage*s (*Passagenarbeit*) – comme il faudrait l'appeler si l'on voulait suivre l'auteur[4].

---

1. I, p. 518-523 [CB, p. 33-38] et PW, p. 441-442 (J68,4 ; J68a,1 ; J68a,3 ; J68a,4), 454 (J74,4 ; J74a,1), 460 (J77,4), 469 (J82,2), 472 (J83a,1), 482 (J88a,4), 483 (J89,4), 858 (a3,2) [LP, p. 364-365, 375, 380, 388, 390, 398, 399, 714]. Benjamin s'intéresse aussi au drame de Félix Pyat où le chiffonnier est présenté comme le « Diogène des temps modernes ». Félix Pyat, *Le chiffonnier de Paris*, 1884, cité *in* PW p. 480-481 (J88, J 88a,1) [LP, p. 397-398]. Le chiffonnier est aussi discuté dans la correspondance. *Cf.* par ex. la lettre d'Adorno du 10 novembre 1938, *Corr. A-B*, p. 362.

2. *Eduard Fuchs*, II, p. 465-505 [III, p. 170-225].

3. Pour aller plus loin sur l'opposition entre le flâneur et le chiffonnier, cf. l'article auquel nous empruntons ici le début, Marc Berdet, « Chiffonnier contre flâneur », *Archives de philosophie* n° 75, 2012, p. 425-447.

4. Une telle expression, par laquelle Benjamin désigne à plusieurs reprises son travail en cours dans sa correspondance (évitant, au contraire de ses éditeurs posthumes, le terme *Passagenwerk*, *Livre des passages*), met en avant à la fois le travail du chercheur et celui de son objet lui-même, la production architecturale et son interprétation comme symptôme de l'époque. Elle évoque aussi le « travail du rêve » chez Freud (*die*

entre féerie dialectique et histoire sociale

De 1927 à sa mort, Benjamin travaille en effet à un livre qu'il n'achèvera pas. Il s'agit d'un essai sur la naissance de la modernité dans le Paris du XIXᵉ siècle. L'ensemble, composé de citations qu'il a glanées tel un chiffonnier (citations mineures, anodines, oubliées, de deuxième main…), de ses commentaires et réflexions personnelles, nous parvient sous le titre *Paris, capitale du XIXᵉ siècle. Le livre des passage*s, soit près de mille pages qui contiennent une vingtaine de « liasses » thématiques, plusieurs ébauches de textes (*Passages, Passages parisiens. Une féerie dialectique, L'anneau de Saturne*) et deux « exposés » de l'œuvre à venir, écrits en 1935 et 1939. Cet assemblage de notes et de matériaux communique avec d'autres textes écrits en parallèle, du *Charles Baudelaire* jusqu'aux *Thèses sur le concept d'histoire*.

Ce travail de longue haleine suit, donc, la découverte des surréalistes, mais aussi le tournant matérialiste que le philosophe déclare avoir opéré en 1924, et qui accompagne le retrait progressif du flâneur et l'apparition du chiffonnier. Le *Livre des passages* a pour objet central – comme l'un des titres provisoires l'indique – la « féerie » qui accompagne la naissance du capitalisme : magie des passages couverts de Paris, « rêvoirs » que forment les salons bourgeois, imagerie orientalisante des Expositions universelles, etc.

Entre 1935 et 1939, Walter Benjamin entreprend une refonte systématique de sa hotte de citations et commentaires selon une impulsion qu'il juge plus sociohistorique. Il ne s'agit plus d'écrire « une féerie dialectique », mais de l'intégrer dans le contexte plus vaste d'une « histoire sociale de la ville de Paris au XIXᵉ siècle »[1]. Un

---

Traumarbeit). Ce n'est pas qu'un heureux hasard : Benjamin voulait précisément transposer l'interprétation des rêves au collectif. Les passages « travaillent » dans le monde historique des fantasmagories de la même manière que les rêves « travaillent » au sein du monde fantasmatique du sujet, comme nous allons tenter de le montrer tout au long de cet ouvrage.

1. Lettre à Adorno du 31 mai 1935, PW, p. 1116-1117 [*Corr. A-B*, p. 139]. Sur le processus de refonte, voir aussi la lettre à Scholem du 20 janvier 1930, GB 3, p. 503 [*Corr. 2*, p. 28]. Ces deux lettres contiennent des informations importantes sur la genèse du *Livre des passages*, et le passage d'un type de travail rhapsodique à un type de travail

concept apparaît alors, qui élève l'essai littéraire au niveau de l'analyse scientifique en même temps que le chiffonnier est intégré comme objet et comme modèle potentiel pour le chercheur : celui de fantasmagorie.

Les fantasmagories désignent, dans cette perspective, des lieux magiques qui embellissent l'environnement urbain du capitalisme naissant. Même s'ils sont privés, ces espaces naissent dans le nouvel espace public formé par la ville moderne. Ils ont pour fonction de refouler la présence du capital et de l'industrie dans la cité, même s'ils sont construits avec eux : appartements garnis d'objets de collection, de velours et d'étuis ; passages couverts au sol de marbre, aux colonnades et aux moulures antiques ; bâtiments d'exposition à la nature exotique et aux tentures orientales ; boulevards luxueux qui relient statues équestres, gares majestueuses et églises pompeuses. Avec ses perspectives homogènes et vides bordées de monuments de la civilisation occidentale, la ville de Paris pétrifie en elle-même une histoire au commencement et à la fin légendaires. Toutes les créations humaines se présentent dans un univers esthétique qui dénie leur origine concrète : les nouvelles conditions de production.

La modernité apparaît alors à Walter Benjamin comme un « monde dominé par ses fantasmagories »[1]. Le philosophe retrace la genèse économique de ces espaces fantastiques dans le procès de la valeur : l'hypostase de la valeur d'échange qu'accompagne un procès parallèle de dissimulation des traces de la production. Il s'agit d'abord d'un processus d'oubli de la réalité sociale, puis de refuge dans un monde imaginaire. Les fantasmagories sont des sublimations délirantes de l'ordre bourgeois de la propriété et de la production, de l'ordre du capital qui renforce par un rêve collectif l'hypostase de la valeur d'échange dans le fétichisme. Elles résultent d'un refoulement collectif retravaillé par images : refoulement dans l'imaginaire de la réalité du capital qui lui-même refoule, dans le réel, le travail.

plus sociologique. *The Social History of the City of Paris in the 19th Century* sera, à partir de cette date, le titre publié par le programme officiel de l'Institut, alors en exil à New York. PW, p. 1097.

1. *Exposé de 1939*, PW, p. 77 [LP, p. 59].

Avec les salons bourgeois sous Louis-Philippe (1830-1848), les Expositions universelles (1851-1867), et le Paris du Second Empire (1851-1871) se déploient des fantasmagories de l'intérieur, du marché et de l'histoire – les trois principales fantasmagories que nous allons, à partir de l'œuvre inachevée de Benjamin, *Paris, capitale du XIXe siècle* (1927-1940), reconstituer ici. L'Exposition universelle de 1867 forme le point culminant de la « fantasmagorie de la culture capitaliste ». La bourgeoisie crie à « l'ordre de la propriété et de la production » : « Reste encore, tu es tellement beau ! »[1]. Il lui faut rendre sublime l'ordre de sa propre domination pour le maintenir.

Toute fantasmagorie constitue une imagerie spécifique de la fausse conscience d'une classe, éventuellement diffusée, comme aux Expositions universelles, aux autres classes. Objets d'une « conscience mystifiée », les fantasmagories sont l'apparence illusoire (*Schein*) « inaliénable des images que l'inconscient collectif fait sortir »[2]. Sans le systématiser comme nous allons le faire ici (tout comme nous mettons en avant un nouveau personnage épistémologique à chaque fin de chapitre), Benjamin décline le phénomène : à la fausse conscience des bourgeois orléanistes correspondent les « fantasmagories de l'intérieur » ; à celle des travailleurs, les « fantasmagories du marché » ; à celle des employés, les « fantasmagories de l'éclat et de la jeunesse, de la culture et de la personnalité » ; à celle de la bohème, les « fantasmagories de la société » ; à celle du dandy, les fantasmagories « solennelles » de la mode, de la nouveauté et de « l'art pour l'art » ; à celle de la bourgeoisie industrielle, les fantasmagories « de l'histoire de la culture [*Kulturgeschichte*] »[3].

Comment Benjamin parvient-il à une telle notion ? De l'*Exposé de 1935* à l'*Exposé de 1939* (contenus dans *Paris, capitale du XIXe siècle*), autrement dit d'un reste de flânerie rhapsodique à l'apparition d'une collecte sociologique plus systématique, des termes comme « images-souhaits » (*Wunschbilder*), « imagination plastique »

---

1. PW, p. 448 (J71,7) [LP, p. 370, trad. modifiée].
2. *Exposé de 1935*, PW, p. 55 [LP, p. 43, trad. modifiée].
3. *Exposé de 1935*, et *Notes pour l'exposé de 1935*, PW, p. 55, 1232 et 1212 [LP, p. 43, 909, 911 et 891].

(*Bildphantasie*), « inconscient du collectif », « utopie », « symbole des désirs réalisés », « image de rêve » et « symboles des aspirations » sont supprimés. La notion de « fantasmagorie », qui apparaît ici ou là en 1935, a systématiquement remplacé tous ces termes, dans un contexte historique et social toujours plus précis : fantasmagories des passages, des Expositions universelles, de l'intérieur bourgeois, du modern style, du flâneur, de la civilisation, etc. Tout ce que Benjamin se propose d'étudier relève désormais du concept de fantasmagorie, qui semble avoir récupéré et dépassé la thématique onirique précédente.

le concept de fantasmagorie

La fantasmagorie élève donc, en 1939, toute la problématique onirique des années précédentes à un plan socio-historique. Mais à quoi le terme se rapporte-t-il exactement ? On en trouve une définition précise dans le dernier fragment de la liasse sur Marx, qui fut probablement écrit en 1939, et représentait donc le dernier sens du projet parisien qui nous intéresse ici :

> La propriété qui fait parvenir à la marchandise son propre caractère fétiche adhère à la société productrice de marchandise elle-même non pas certes telle qu'elle est en soi, mais bien telle qu'elle se représente elle-même et croit se comprendre toutes les fois qu'elle fait abstraction du fait que, précisément, elle produit des marchandises. L'image qu'elle produit ainsi à partir d'elle-même, et qu'elle a coutume de désigner comme sa culture, correspond au concept de fantasmagorie[1].

Ainsi liée au problème du fétichisme de la marchandise (cette hypostase de la valeur d'échange au détriment de la valeur d'usage, du prix de la marchandise abstraite au détriment de l'objet utile et socialement fabriqué), la fantasmagorie renvoie à *l'image (ou plutôt à l'imagerie) que la société bourgeoise se fait d'elle-même selon un processus d'abstraction qui résulte de son refus d'admettre ouvertement que son essence tient à la production des marchandises, et qu'elle appelle sa « culture »*.

1. PW, p. 822 (X13a) [LP, p. 683, trad. modifiée].

Produire des marchandises, c'est confectionner des objets selon l'ordre bourgeois (de la production et de la propriété), selon l'hypostase de la valeur d'échange au détriment de la valeur d'usage, du capital au détriment du travail, de la bourgeoisie au détriment des ouvriers. Suivant le processus de fétichisation de la marchandise, la fantasmagorie dissimule cet ordre sous une belle apparence qui le fait perdurer. Elle édifie une sublime abstraction de la réalité économique et sociale. Dans le même moment, cette image devient cependant concrète, à tel point qu'elle accompagne la conscience dans la vie quotidienne et lui donne forme ; elle devient, comme l'écrit Benjamin, « le corrélat intentionnel de l'expérience vécue [*Erlebnis*] » [1]. La fantasmagorie a beau résulter d'un processus d'abstraction, de transposition idéologique, elle tombe aussi immédiatement sous les sens. Abstraction de la réalité d'un côté, réalisation de l'abstraction de l'autre, voilà les deux caractéristiques de la fantasmagorie, qui se manifestent simultanément. Un troisième trait s'y ajoute : la fantasmagorie apparaît toujours comme un mélange du plus ancien et du plus nouveau [2]. Dans son refus d'admettre que sa raison d'être réside dans la production de marchandises, la société dissimule la violence de ses nouveautés (produits à vendre, mais aussi machines et architecture en fer) sous des « masques historicisants » qui font appel à un passé mythique (avec du fer, on construit de nouveaux temples). L'« histoire originaire » (*Urgeschichte*) entre en scène « dans l'accoutrement le plus moderne ». *Transposition idéologique, immédiateté de la présence sensible et mélange égarant d'ancien et de nouveau*, tels sont les trois traits de la fantasmagorie que Benjamin mentionne dans l'*Exposé de 1939*, duquel nous partirons ici.

Nous pouvons aussi comprendre la fantasmagorie du point de vue de la tradition sociologique, dans une confrontation avec le concept d'idéologie. Concept inabouti chez Benjamin, la fantasmagorie se rapporte à l'idéologie (au sens marxiste) de trois manières : elle est, d'abord, l'expression d'une classe et de sa volonté de préserver

---

1. PW, p. 966 (m3a,4) [LP, p. 801].
2. PW, p. 174 (D8a,2) [LP, p. 141].

l'ordre social (c'est sa *fonction idéologique*) ; elle trouve ensuite son lieu de naissance dans *l'inversion idéologique* pratiquée par le fétichisme de la marchandise (c'est ici qu'elle devient sensible) ; elle instaure, enfin, *l'idéologie devenue histoire* (c'est là qu'elle convoque un passé légendaire). Nous pourrions dire aussi, de manière plus lapidaire et en anticipant un peu, que la fantasmagorie possède *la fonction de l'idéologie, la structure du mythe et l'éclat de l'utopie*. La fonction de l'idéologie, puisque, générée par une classe et comme le fétichisme, elle voile et reproduit l'ordre social ; la structure du mythe, car, dans le monde désenchanté par le fétichisme, elle met en scène un récit légendaire et progressiste tissé d'êtres surhumains (la marchandise) et d'actions héroïques (l'échange) selon une temporalité mythique (l'éternel retour) que subit le Sisyphe moderne, l'ouvrier (avec lequel fraternise le chiffonnier soumis, en marge, au même rythme infernal) ; l'éclat de l'utopie, parce que, plongeant dans « l'inconscient collectif », elle utilise l'imagerie utopique de la société sans classes, sans pour autant mettre en marche sa réalisation.

L'étude benjaminienne des fantasmagories s'inscrit dans la problématique de la réification. Benjamin inaugure avec elles une démarche « historico-sociologique », un travail aux « perspectives sociologiques nouvelles et pénétrantes »[1]. Il participe à un certain type de sociologie qui, de l'École de Francfort d'Adorno et Horkheimer au Collège de sociologie de Bataille, Klossowski et Caillois, se trouve aux frontières de la philosophie et de la mythologie. L'auteur du *Livre des passages* appartient donc à une sociologie « déboîtée »[2] qui, dans sa version critique (Francfort), nie la possibilité d'un savoir sociologique autonome et authentique. La société évoluant au fil de ses contradictions, il est impossible d'en faire un récit linéaire et homogène qui en donne

---

1. Lettre d'Adorno du 20 mai 1935, *Br. A-B*, p. 111 [*Corr. A-B*, p. 133] et lettre à Adorno du 31 mai 1935, PW, p. 1118 [*Corr. A-B*, p. 140].
2. Je dois ce terme de « déboîté » correspondant à une sociologie prise entre sociologie et philosophie pour l'École de Francfort, entre sociologie et mythologie pour le Collège de sociologie, à Miguel Abensour, qui l'employa au cours d'une conversation à propos de ce travail, en avril 2007. Il rend bien le type de sociologie auquel on peut identifier Walter Benjamin, c'est pourquoi nous l'utiliserons ici.

une vision statique et réconciliée dans un système totalisant. Ce qu'on peut connaître, ce sont les contradictions de la vie sociale et l'enchevêtrement du mythe et de la raison (y compris sociologique). C'est par là, au fil des contradictions entre réification et action, entre cristallisations institutionnelles et créativité humaine, que la société se transforme. L'objet de cette discipline « déboîtée » ne réside pas dans l'autonomie créatrice du sujet, ni dans la contrainte sociale qui réduit cette autonomie. Il se trouve plutôt dans le conflit entre créativité humaine et fixation institutionnelle. Benjamin ne s'intéresse ni à l'action sous l'emprise de contraintes (tendance durkheimienne), ni à l'action passée d'où sont sorties les institutions (tendance wébérienne)[1], mais au *point de contact* entre réification et action, point critique, et où le mythe s'origine, de l'antagonisme entre la vie sociale créative et ses cristallisations fétichisantes. La spécificité de cette approche consiste à prendre pour objet les stades historiques et les contradictions internes de la société, dont les tendances rationalisantes s'accommodent très bien de mythes modernes : les fantasmagories. On ne peut pas partir de l'hypothèse qu'une connaissance continue peut être construite dans un cadre temporel homogène. Cette hypothèse nierait les contradictions latentes qui sont la substance même de la société, ce savoir sera aussi vide qu'un tel cadre. *La théorie doit refléter les contradictions de la société elle-même, et non inventer un récit légendaire qui les masque.* Voilà pourquoi le chiffonnier, avec sa démarche heurtée, pris entre les à-coups produits par le rejet des rebuts (réification en bout de course) et les soubresauts d'un rêve jamais accompli (poésie de l'objet abandonné), peut servir de modèle au chercheur.

Mais comment établir une théorie à partir de contradictions ? La connaissance de l'objet sociologique ne peut faire l'économie d'une théorie sociale critique de la connaissance. Celle-ci s'attaque à la fois à la fois la société bourgeoise *et* aux théories du lien social établi.

---

1. Voir, sur cette opposition, Theodor W. Adorno, *Einleitung in die Soziologie*, Francfort, Suhrkamp, 1993 et la revue *Tumultes n° 17-18. L'École de Francfort : la Théorie Critique entre philosophie et sociologie*, 2001/2.

L'objet – la société réifiée et ses mythes, en contradiction avec sa propre créativité – doit absolument précéder la méthode, et seule la discontinuité du récit qu'elle produit pourra refléter les discontinuités de son objet. Le savant doit pouvoir sortir de la temporalité infernale, en apparence homogène, des fantasmagories. Voilà pourquoi le chiffonnier. Avec sa démarche saccadée, il peut éviter les pièges redoutables du temps réifié, fantasmagorique, dans les sciences sociales elles-mêmes. Si son pas est trébuchant, c'est une question de méthode, parce qu'il veut accueillir à la fois une temporalité infernale et une temporalité homogène, la réification et le mythe qui la recouvre, tout en restant attentif aux ruptures qui laissent apercevoir, sous les corps réifiés et jusqu'à la surface de ce mythe, une autre temporalité, une temporalité en quelque sorte verticale, pleine à craquer d'expérience historique.

l'« expression » de l'infrastructure

Avec ce terme de fantasmagorie et cet exemple du chiffonnier, Benjamin établit aussi un nouveau rapport entre la structure économique et sociale et l'imaginaire collectif, par-delà tout système sociologique harmonisant et tout déterminisme causal. Il ne nie pas que l'infrastructure économique cause certains traits superstructurels (fantasmagories) en tant que *condition* (le commerce des tissus et la construction en fer comme condition de l'architecture des passages par exemple). Mais il suggère que la superstructure agit en retour sur l'infrastructure (l'identification à l'Antiquité empêche par exemple le véritable progrès matériel de l'architecture moderne). Il cherche surtout à établir une relation entre infrastructure et superstructure qui ne soit pas de causalité, mais d'« *expression* »: les poèmes de Baudelaire *expriment* par exemple la position économique et la fonction politique ambiguës de la bohème, tout comme les perspectives haussmanniennes *expriment* la domination de la bourgeoisie foncière et financière.

Cependant, la superstructure n'exprime pas chez le poète l'infrastructure comme la forme exprime un contenu. Certains extraits des poèmes de Baudelaire disent l'attachement de la bohème au mécénat, d'autres relèvent de sa fascination pour l'économie de marché, d'autres encore montrent sa solidarité avec les révoltes prolétariennes tandis que des déclarations du poète affirment son ralliement à l'Empire. Certains passages des écrits utopiques de Fourier témoignent du principe révolutionnaire du « matérialisme anthropologique » que l'on voit périodiquement surgir dans le mouvement social, d'autres exposent le caractère réactionnaire ou « empire » de son utopie qui profite aux « fantasmagories » bourgeoises. Les utopies graphiques de Grandville mettent en scène le fétichisme de la marchandise des Expositions universelles, mais elles le tournent aussi en dérision, faisant apercevoir avec humour un autre monde.

Finalement, tous ces documents culturels du XIXᵉ siècle n'« expriment » pas *littéralement* une structure économique unidimensionnelle, à la manière dont les formes culturelles du capitalisme tardif (les prouesses techniques du film hollywoodien par exemple) expriment son contenu (le contenu spectaculaire de l'économie marchande) de la manière la plus adéquate. Ils indiquent de manière ambivalente les diverses contradictions économiques et politiques d'une société fragmentée, d'une société sur un seuil, au seuil de la misère de la vie réelle et de l'éclat du rêve d'une vie véritable, au seuil de la réalité mutilée et du désir collectif d'en sortir, là où gisent des fragments de rêves et des débris d'utopie qu'il s'agit de rassembler.

Il convient de prendre la relation d'« expression » chez Benjamin au sens large, loin de toute causalité unilinéaire et de toute théorie du « reflet ». Pour lui, *la superstructure exprime l'infrastructure comme le rêve exprime l'estomac surchargé du rêveur*. Or la relation du rêve à l'estomac surchargé n'est ni de causalité, ni d'expression au sens strict. Chez Freud, le rêve n'exprime pas littéralement un contenu, mais un désir inextricablement lié au réel par déplacements et condensations. Le rêve du dormeur révèle seulement ses désirs selon une certaine affinité avec sa disposition physique – ici un estomac surchargé. Il demeure une certaine *affinité* entre la réalité concrète et l'imaginaire que l'on ne pourra déterminer que par l'analyse micrologique du récit du rêve et, dans la collecte des matériaux oniriques, de la marque de la réalité en lui. Bref, selon un travail de collecte des rebuts du monde de veille et de la productivité diurne. Un travail de chiffonnier.

Benjamin transpose justement ce modèle de l'interprétation des rêves au plan du collectif : à un moment donné de l'histoire, l'affinité entre des formes économiques et des formes culturelles chargées d'onirisme dessine une constellation, et c'est lorsque cette constellation se voit « saturée de tensions » qu'une bifurcation a une *chance* d'avoir lieu. En ce sens-là, l'imaginaire (le rêve) *exprime* la réalité (l'infrastructure), et il faut expliquer cette relation d'expression prise dans une constellation.

Cette tentative de passer dans les sciences sociales de relations de causalité unilatérales propres à un certain type de marxisme mécaniste à des relations de causalité assouplies, élargies, rétroactives, en termes d'« expression » ou de « constellation », s'apparente à la méthode de Weber parlant d'« adéquation », de « parenté intérieure », d'« affinité de sens » ou encore d'« affinité élective » (*Wahlverwandtschaft*) entre deux formes culturelles (économiques, religieuses, etc.). Pour Weber, on ne peut voir comment « le mouvement religieux a agi sur le développement de la culture matérielle » qu'en considérant les « affinités électives » entre des « formes d'organisation sociale et politique » et une certaine « teneur intellectuelle des époques culturelles de la Réforme »[1], autrement dit comment la superstructure « agit en retour sur l'infrastructure ». L'ascétisme protestant semble « exprimer » dans le domaine des idées religieuses, l'habitus de gain du capitalisme, autrement dit son intérêt de classe. Il se trouve en tout cas en étroite « affinité » avec lui, dans une certaine « constellation » historique où l'une et l'autre forme culturelle se renforcent dans une saturation de tensions, forment une unité, et créent le capitalisme moderne.

On peut resituer le travail « historico-sociologique » de Benjamin dans le cadre général de la tentative wébérienne telle qu'elle se résume

---

1. Max Weber, « La conception de «Beruf» chez Luther », in *L'éthique protestante et l'esprit du capitalisme*, Paris, Gallimard, 2003, p. 90-91.

dans le concept d'affinité élective, comme l'ont vu quelques commentateurs éclairants de Weber[1]. Car le concept d'affinité élective chez Weber élargit l'imputation causale et la complexifie dans le sens de sa méthode pluraliste et contre tout type de déterminisme. Or il semble bien que Benjamin, à travers les concepts qu'il emploie (expression, affinité, familiarité, parenté, constellation...), se meut dans un univers notionnel souple semblable à celui de Weber (qui utilise les notions d'affinité élective, d'affinité interne, d'adéquation, de parenté...), bien que son objet soit différent. Benjamin semble véritablement chercher, dans les documents culturels du XIXe siècle, des affinités électives entre des imaginaires sociaux (celui des ouvriers, des insurgés, de la bohème, des commerçants, des industriels) et des événements politiques et économiques (les révolutions et insurrections, la montée du capitalisme). Parmi les affinités les plus typiques auxquelles il est sensible, on peut dégager par exemple l'affinité du « matérialisme anthropologique » propre aux utopies socialistes et aux physiologies littéraires avec les insurrections d'avant 1848, notamment celle de 1830 qui accompagne l'ivresse du chiffonnier[2],

1. Jean-Pierre Grossein et Jean-Claude Passeron dans leurs introductions à Max Weber, *L'éthique protestante et l'esprit du capitalisme, op. cit.*, p. V-LVIII et de Max Weber, *Sociologie des religions*, Paris, Gallimard, 1996, p. 1-49 et p. 51-118 ; Richard Herbert Howe, « Max Weber's Elective Affinities : Sociology Within the Bounds of Pure Reason », in *The American Journal of Sociology* vol. 84, n° 2, Chicago, University of Chicago Press, septembre 1978, p. 366-385 ; Michaël Löwy, « Le concept d'affinité élective chez Max Weber », *Archives de sciences sociales des religions* n° 127, Paris, juillet-septembre 2004, p. 93-103 ; Michaël Löwy, *Rédemption et utopie. Messianisme juif et utopies libertaires en Europe centrale. Une étude d'affinité élective*, Paris, Puf, 1988, chapitre I ; J. Alan Winter, « Elective Affinities Between Religious Belief's and Ideologies of Management in Two Eras », *The American Journal of Sociology*, vol. 79, n° 5, mars 1974, p. 1134-1150 ; Mary Fulbrook, « Max Weber's "Interpretive Sociology" : A Comparison of Conception and Practice », in *The British Journal of Sociology*, vol. 29, n° 1, mars 1978, p. 71-82 ; Werner Stark, *The sociology of Knowledge*, Londres, Routledge & Kegan Paul, 1958 ; Raymond Aron, *Les étapes de la pensée sociologique*, Paris, Puf, 1967, p. 537-541 ; Raymond Boudon, *Etudes sur les sociologues classiques*, Paris, Puf, 1998, p. 59-60 ; Jean Séguy, *Conflit et utopie, ou réformer l'Église. Parcours wébérien en douze essais*, Paris, Cerf, 1999, p. 76-98.

2. Faute de place, cette affinité, qu'il faut cependant garder à l'esprit en tant que polarité dialectique du présent développement, ne sera pas directement développée dans ce livre. On trouvera une première tentative d'exposition dans Marc Berdet, *Mouvement*

ou encore l'affinité de l'imaginaire des fantasmagories avec la structure capitaliste naissante de 1830 à 1871, celle que le chiffonnier tente de fêler de son crochet.

L'étude des fantasmagories du XIX e siècle participe à une telle sociologie compréhensive. Sa démarche reste toutefois singulière. Les affinités intelligibles entre une vision du monde et un intérêt de classe sont pour lui moins « significatives » que « figuratives ». C'est la dimension *onirique* de l'histoire qui l'intéresse. Les affinités électives que Benjamin dégage ne sont pas des affinités de sens mais des affinités d'images. L'action des insurgés de 1830 se trouve poussée à son paroxysme grâce à une affinité avec l'imaginaire utopique des conspirateurs qui prend son origine dans le « matérialisme anthropologique »[1]. Mais chez Benjamin, les affinités ne poussent pas forcément à l'action. Elles peuvent engendrer aussi la contemplation, l'inaction, ou plus précisément une compensation kinesthésique qui permet qu'une autre action poursuive son chemin. Les fantasmagories de salon nourrissent une affinité avec l'action économique et sociale de la bourgeoisie orléaniste en tant qu'elles complètent son style de vie par une certaine esthétisation compensatoire privée de son action publique, économique et politique. Elles ne poussent pas à l'action mais la préservent.

L'orientation marxisante de Benjamin fait de l'affinité élective la combinaison d'un intérêt économique et d'une fantasmagorie spécifique, mais cette notion renvoie aussi chez lui à la psychanalyse : un certain groupe social nourrit une certaine affinité avec un imagier romantique qui, bien souvent, comme dans une névrose, lui permet

---

social et fantasmagories dans Paris, capitale du XIX e siècle. *La démarche historico-sociologique d'un chiffonnier*, thèse des universités Paris I Panthéon-Sorbonne (Cetcopra) et Paris VII Denis Diderot (ED Savoirs scientifiques), 2009.

1. Ce n'est pas une simple « parenté idéologique ». Le « matérialisme anthropologique » est une vision du monde qui comprend aussi bien le romantisme allemand, les utopies socialistes et les physiologies littéraires à la Balzac, et n'est pas forcément révolutionnaire (il nourrit aussi bien des tendances réactionnaires, une volonté de retour à la monarchie). Il est donc a priori éloigné de l'imaginaire des ouvriers soucieux de leurs droits, mais entre à certains moments de l'histoire en affinité élective avec lui, le temps de monter sur les barricades.

de refouler les contradictions de la vie réelle ; il s'ajuste à cet imagier qui s'ajuste à lui et à la structure économique et politique à laquelle il reste attaché, tout en continuant à occulter partiellement celle-là pour qu'elle puisse suivre librement son cours.

Du même coup, la fantasmagorie prend encore une autre dimension : il s'agit de la forme d'un désir collectif, une forme qui l'exprime en même temps qu'elle empêche sa réalisation. L'interprétation vise donc à donner à ce désir les moyens de se réaliser.

Benjamin veut commencer son livre par l'analyse des passages couverts de Paris, qu'il découvre à l'heure de leur désaffection, dans les années 1920. Il est impressionné par le portrait que Louis Aragon dresse, peu avant sa destruction, du passage de l'Opéra (1821-1925) [1]. La désertion des passages libère leur « charge d'atmosphère ». Leurs matériaux surannés et leur imagerie kitsch prennent, au moment de leur ruine, un visage surréaliste. Les forces enivrantes qui s'en dégagent peuvent être mises au profit d'un mouvement révolutionnaire, celui-là même qui ruine le présent et relance l'histoire. Au moment le plus actuel de leur perte, Walter Benjamin retrace leur genèse.

La construction des passages commence dès 1800. Les premiers (jusqu'en 1820) sont étroits, dotés d'une toiture de verre et d'une armature de fer, matériaux nouveaux, mais encore assemblés avec les techniques du bois et de la pierre. Le passage des panoramas (1800) ouvre le boulevard Montmartre entre deux immeubles. Comme son nom l'indique, il mène à deux panoramas, rotondes où sont peints des tableaux circulaires représentant des paysages naturels et des scènes historiques. Le passant peut ainsi se réfugier de l'animation et des dangers du boulevard dans des représentations de la nature et de l'histoire.

Le concept de fantasmagorie renvoie à ces trompe-l'œil et illusions optiques à la mode au XIXᵉ siècle : panoramas, mais aussi dioramas (superposition de deux panoramas), ou encore « séances de phantasmagories » – que Benjamin cite en passant. « Phantasmagorie » est un mot inventé en 1797 pour désigner, chez Philidor à Londres puis Robertson à Paris, un spectacle qui consiste à faire voir des fantômes (*phantasma*) en public (*agoreuein*). Bizarrement, le philosophe

---

1. Louis Aragon, *Le paysan de Paris*, Paris, Gallimard, 1926.

ne s'attarde pas sur ces séances pré-cinématographiques qui, à l'aide d'un projecteur monté sur rail dit « phantascope », font apparaître des spectres et des scènes mythologiques sur des écrans de toile ou de fumée.

La mode des passages prend vers 1820, et s'atténue à partir de 1840. C'est la nouvelle donne économique qui pousse à ce développement. Grâce à la grande industrie qui fournit des matériaux de fer et de verre (que l'on commence à maîtriser sans imiter le bois ni la pierre), ces constructions gagnent en hauteur et en largeur. Sous la pression du commerce mondial des tissus, les vendeurs ont besoin d'espaces de stockage supplémentaires que leur fournissent les étages et arrière-boutiques. Pourtant, les nouveaux matériaux et la nécessité de l'échange ne sont pas directement visibles. Ces passages (comme la galerie Vivienne, achevée en 1822) se dotent d'un sol de marbre, de colonnes antiques pour cacher le fer, ornent les boutiques de tissus orientaux et dissimulent les prix. La lumière tombe de la verrière le jour, des becs de gaz la nuit.

Le principe de construction se pare de masques historicisants, et surtout antiques. C'est là que, selon Benjamin, l'héritage de Charles Fourier apparaît, trahi. En effet, le phalanstère de l'utopiste français (rythmé par des « rues-galeries », passages couverts entre deux immeubles) trouve son impulsion la plus intime dans l'apparition des machines. C'est en voyant – suggère Benjamin – la nouvelle machinerie du capitalisme thermo-industriel que Fourier se prend à imaginer une machinerie des passions, dont les hommes se font le relais (et le passage la courroie de transmission). En cela, Fourier représente le courant de pensée du « matérialisme anthropologique » : il veut appliquer, à l'exemple des machines modernes, les forces naturelles d'attraction et de répulsion (« matérialisme » newtonien) aux relations entre les hommes (« anthropologique »). La passion de l'homme doit pouvoir suivre son élan spontané de la même manière que la pomme tombe de l'arbre. Or, alors que dans l'« harmonie » (la société future chez Fourier), les passions seront libérées (un peu comme les machines libèrent le potentiel de la nature), dans la « civilisation » (la société existante), toutes les passions se trouvent

« comprimées »[1]. Un peu comme les matériaux se trouvent contrariés dans les passages.

L'utopiste est bel et bien trahi. Benjamin note que Fourier reconnaît le « canon du phalanstère » dans les passages. Benjamin se trompe sur un détail (Fourier voit plutôt le phalanstère au Palais-Royal, ou dans les galeries du Louvre), mais il saisit l'essentiel : le Paris de marbre, voulu par Napoléon et admiré par Fourier, symbolise bien plus le pouvoir d'un Etat autoritaire que l'émancipation des passions. Fourier contrecarre lui-même le potentiel subversif de son utopie (sa « machinerie humaine » suante et sifflante) lorsqu'il croit le voir dans l'imagerie plastique de l'Empire. En ce sens, il est pris dans le vent réactionnaire du XIXe siècle, celui des masques historicisants des fantasmagories, qui empêchent le déploiement des possibilités techniques et sociales.

Cette tension entre le principe de construction et le style historicisant, entre le matérialisme anthropologique et les fantasmagories bourgeoises, se retrouve dans toutes les analyses de Benjamin. C'est pourquoi les passages ne constituent pas tant un objet privilégié du livre (Benjamin parle plus des salons bourgeois, des Expositions universelles ou de Paris haussmannisée) que l'archétype des fantasmagories.

La période 1830-1848 laisse place à une autre fantasmagorie, plus longuement analysée : celle des salons bourgeois[2]. Sous le règne de Louis-Philippe, le « particulier » fait son entrée dans l'histoire. Jusqu'au XIXe siècle, l'atelier est contigu aux locaux d'habitation, un

---

1. Remarquons que Benjamin observe le même « matérialisme anthropologique » chez Saint-Simon et, plus généralement, chez les utopistes français (Claire Démar entre autres). Il le voit aussi, dans d'autres variantes, chez les « physiologistes » français (Honoré de Balzac), chez les surréalistes et leurs précurseurs (Arthur Rimbaud, Lautréamont), mais aussi chez certains Allemands ou Suisses, « pédagogues » (Jean Paul, Johann Peter Hebel, Gottfried Keller, Carl Gutzkow) ou hédonistes (Georg Büchner, Friedrich Nietzsche).

2. Le livre que Benjamin voulait écrire ne se voulait pas chronologique, et continuait avec les Expositions universelles. Nous suivrons au contraire ici l'ordre chronologique, en ce qu'il nous semble représenter une évolution spatiale des fantasmagories, qui s'« extériorisent » au fur et à mesure de l'histoire (des salons, elles s'exportent dans la ville puis dans l'histoire elle-même).

peu comme le rapport du maître au compagnon équivaut à la filiation père / fils. Mais pendant la Restauration, l'architecture des entrepôts, fabriques et commerces s'émancipe de l'habitat traditionnel. Cependant, d'après Benjamin, c'est pour être aussitôt recouverte de masques « antiquisants » : ces lieux de commerces que sont les passages couverts ressemblent à des palais antiques, et les usines à des maisons d'habitation. Sous la Monarchie de Juillet, les entrepôts, commerces et usines commencent à l'inverse à prendre une forme qui correspond à leur fonction. Par contraste, l'intérieur ressemble de plus en plus à une « région lointaine » où le bourgeois assemble « les souvenirs du passé ». Son salon mime « une loge dans le théâtre du monde », un boudoir oriental. Tout se passe comme si les « masques historicisants », chassés de l'extérieur, se concentraient dans l'intérieur.

L'opposition entre illusion et réalité se matérialise dans le contraste entre l'intérieur et le lieu de travail. Dans son bureau, l'homme d'affaires ne tient compte que des réalités ; dans son intérieur, il veut être « entretenu dans ses illusions ». Il refuse le lien entre « une conscience claire de sa fonction sociale » et « ses intérêts d'affaires ». Autrement dit, il refoule sa fonction sociale vis-à-vis des autres hommes, et l'agitation sociale qui en découle.

les salons sous Louis-Philippe

L'origine économique et sociale des fantasmagories du salon sous Louis-Philippe apparaît dans la disposition même de l'intérieur, à la surface du phénomène. Benjamin retient l'interprétation d'un physionomiste perspicace, Adolf Behne, qui comprend l'intention du bourgeois orléaniste organisant son intérieur comme un processus de distinction sociale, visible dans la disposition en diagonale des meubles, des objets et des tapis[1]. Par cette organisation de l'espace,

---

1. Adolf Behne, *Neues Wohnen – neues Bauen*, Leipzig, 1927, cité *in* PW, p. 285 (I2,3) [LP, p. 233-234]. *Ibid.* pour les citations suivantes. Tout au long du livre, nous utilisons les auteurs que Benjamin cite de manière à « reconstruire » *a posteriori*, à partir du problème de la fantasmagorie, la problématique du livre que Benjamin n'a jamais écrit, mais qu'il nous a laissé à l'état de fragments.

la bourgeoisie se distingue de l'ouvrier, dont le domicile demeure hostile. La maison de l'ouvrier est aliénante. Elle contient une puissance étrangère menaçante (qui prend corps avec l'huissier). Au contraire, celle du bourgeois se veut familière et reflète les voluptés de sa personnalité « intime ». Le bourgeois cherche à se distinguer de l'ouvrier pour se rapprocher d'une certaine attitude chevaleresque propre à la noblesse.

La « véritable raison » de cet agencement réside « dans l'attachement à une attitude de défense et de lutte qui continue à faire inconsciemment sentir ses effets », continue Behne. La bourgeoisie se tient involontairement sur ses gardes, aux aguets, mais son intérieur la trahit. La position du tapis présente, avant la lettre, une homologie structurale avec l'angle saillant d'une place forte. Dans cet imaginaire inconscient, le tapis fonctionne comme un fossé ou une escarpe, et l'armoire comme une fortification médiévale. Les meubles semblent possédés d'un caractère fortifié. L'intérieur bourgeois sous Louis-Philippe trahit une même disposition d'esprit que la place fortifiée au Moyen Âge : « comme le chevalier qui, pressentant une attaque, se met de travers, en position pour parer à droite et à gauche, le paisible bourgeois, des siècles après, range encore ses objets d'art selon le même principe, c'est-à-dire de telle sorte que chacun d'entre eux ait autour de lui un fossé et une escarpe, fût-ce par le simple fait qu'il se détache de l'ensemble. Il est donc effectivement un *Spiessbürger*, un bourgeois sur la défensive. »

En s'appuyant sur Lukàcs, Benjamin tire l'idée suivante de cette description : la bourgeoisie veut marquer la supériorité de sa position en empruntant aux formes féodales parce que son dernier adversaire, le féodalisme, reste invaincu, et cela alors que son nouvel adversaire, le prolétariat, vient d'entrer dans l'arène de l'histoire. La bourgeoisie se protège « inconsciemment » du prolétariat et de la noblesse dans la disposition de ses tapis et de ses armoires. Elle *refoule* là une pression qui lui vient de l'extérieur, et notamment du mouvement social généré par sa fonction économique de classe. Le plus étonnant reste qu'elle refoule aussi la pression d'un monde extérieur qui est *le sien*, qui favorise sa position dominante : le monde capitaliste naissant.

Dans l'intérieur, la bourgeoisie se retire de l'arène du combat immédiat, mais du même coup elle se préserve contre elle-même, ou plus exactement contre le capitalisme et l'industrialisation qui constituent sa raison d'être.

L'intérieur (de la bourgeoisie) se défend par exemple contre l'éclairage au gaz (inventé par la bourgeoisie). Benjamin recueille ceci chez Maxime Du Camp, fin observateur de la vie parisienne : « on l'admet dans l'antichambre, quelquefois même dans la salle à manger, mais on ne le reçoit pas dans le salon. Pourquoi ? Il fane les tentures. C'est le seul motif qu'on ait pu me donner, et il n'a aucune valeur. »[1] Il n'y a donc pas de motif rationnel au refus de l'éclairage au gaz dans l'habitation, refus du « progrès » technique que la bourgeoisie prône pourtant à l'extérieur et pour les autres classes. Mais le motif ici avancé, « il fane les tentures », qui oppose les voiles au gaz, résume bien l'opposition entre l'intérieur et l'extérieur. Les tentures permettent d'« amortir » la réception de l'architecture de fer et de verre, contre laquelle l'intérieur se bat avec vigueur. Toutes sortes de tissus et de velours permettent d'atténuer la violence du monde extérieur en créant une intimité « authentique ». La fonction essentiellement décorative des objets vise elle aussi à « amortir » l'extériorité coûte que coûte.

Alors que l'industrie va de l'avant, l'art d'ameubler recherche l'intime. Les rues du commerce et de l'échange prennent de plus en plus d'importance dans la vie économique et sociale de la monarchie de Juillet, mais l'espace privé se rétrécit. Plus la rue s'étend, devient animée, tapageuse et dangereuse, plus l'intérieur s'élabore en profondeur, paisible, silencieux et pacifié. L'éclat des tentures n'a d'égal que la violence des matériaux et des techniques modernes qu'elles cherchent à amortir. Dehors, les matériaux s'exposent comme les conflits économiques et sociaux : violents, rugueux et transparents. Dedans, ils restent doux, soyeux et opaques.

---

1. Maxime Du Camp, *Paris. Ses organes, ses fonctions et sa vie dans la seconde moitié du XIXᵉ siècle*, Paris, 1869, V, cité *in* PW, p. 282 (I1,5) [LP, p. 230-231].

Benjamin recopie l'étymologie de *comfort* qui résume l'évolution désenchantée de l'intérieur : « il signifiait autrefois, en anglais, *consolation* (*Comforter* est l'épithète de l'Esprit-Saint, Consolateur) ; puis le sens devint plutôt *bien-être* ; aujourd'hui, dans toutes les langues du monde, le mot ne désigne que la commodité rationnelle » [1]. La bourgeoisie cherche à se consoler à l'intérieur de la violence de l'extérieur.

L'intérieur bourgeois recouvre toutes sortes d'alibis pour Benjamin : « alibi économique dans l'espace », « alibi de l'intérieur dans le temps », « alibi dans l'histoire », « alibi encore plus lointain dans l'histoire naturelle », « en particulier le règne végétal » [2]... La fantasmagorie de l'intérieur réunit ainsi toutes sortes d'alibis à la domination de classe de la bourgeoisie, alibis dont elle semble elle-même convaincue.

Baudelaire ou l'orient

Pour se consoler, la bourgeoisie a besoin de voyager dans son intérieur, d'y créer du lointain, du mystérieux, du raffiné. D'après Benjamin, la « formule de l'intérieur » se trouve dans ce mot de Kierkegaard : « Le mal du pays résulte de l'éloignement. L'art serait de l'éprouver tout en restant chez soi, ce qui requiert la virtuosité en illusion. » [3] Le salon doit devenir une véritable « Invitation au voyage » telle que la décrit Baudelaire. Dans une introduction à un article d'Edgar Poe sur *La philosophie d'ameublement*, parue en 1852 dans le *Magasin des familles*, le poète des *Fleurs du mal* exprime encore cette aspiration : « Quel est celui d'entre nous qui, dans de longues heures de loisirs, n'a pas pris un délicieux plaisir à se construire un appartement modèle, un domicile idéal, un *rêvoir* ? » [4]

---

1. Wladimir Weidlé, « L'agonie de l'art », dans *Les Abeilles d'Aristée*, Paris, 1936, cité *in* PW, p. 297 (I6a, 2) [LP, p. 243].

2. PW, p. 288-289 (I3,4) [LP, p. 236] et PW, p. 298 (I7,5) [LP, p. 244].

3. Sören Kierkegaard, *Stadien auf dem Lebensweg*, Iéna, 1914, cité *in* PW, p. 289 (I3,5) [LP, p. 236].

4. Charles Baudelaire, *Histoires grotesques et sérieuses par Poe*, Paris, 1937, cité *in* PW, p. 300 (I8,3) [LP, p. 246].

Dans les premiers temps de la monarchie de Juillet, le romantisme triomphe en littérature. Il influence aussi les mouvements sociaux, en tout cas dans leur proximité avec le socialisme utopique, version française du « matérialisme anthropologique » pour Benjamin. Le romantisme commence alors à envahir l'architecture. Il plaque un gothique fantaisiste sur les façades des immeubles. Benjamin cite le témoignage du rapporteur de l'Exposition nationale de 1834 : « Tout à coup, on s'est pris d'enthousiasme pour des ameublements à formes étranges : on les a tirés des vieux châteaux, des antiques garde-meubles et des dépôts de friperie, afin d'en parer des salons, modernes pour tout le reste » [1]. On produit en masse ces meubles profondément modernes qui, dans les salons parisiens, gardent un air d'antiquité, de féodalisme ou d'orient.

La tendance à recourir aux formes féodales se double de celle des formes orientales. Karl Gutzkow, un allemand débarqué à Paris dont Benjamin recopie les nombreux témoignages, note que les salons étaient « pleins de scènes orientales destinées à susciter de l'enthousiasme pour Alger » [2]. « *L'intérieur rêveur* » devait être « *si possible oriental* », commente Benjamin :

> Chacun ici ne rêve que d'un bonheur soudain, veut avoir d'un coup ce qu'on mettait sa vie tout entière pour obtenir en des temps paisibles et travailleurs. Les œuvres des poètes sont emplies d'existences tranquilles brusquement métamorphosées, on ne parle que de marquises et de princesses, que des prodiges des Mille et Une Nuits [3].

Le mobilier possède quelque chose de mystique. Comme dans les poèmes de Baudelaire, il semble animé d'une force surnaturelle. Le seuil de la porte sépare le profane du sacré. Avec la disposition stratégique des chaises et les photos qui encadrent les portes, un « sortilège des seuils » (*Schwellenzauber*) règne dans l'appartement. Ces chaises et ces photos incarnent des « dieux lares déchus » qui

---

1. E. Levasseur, *Histoire des classes ouvrières et de l'industrie en France de 1789 à 1870*, Paris, 1904, cité *in* PW, p. 281 (I1,1) [LP, p. 230]. *Ibid.* pour les citations suivantes.

2. PW, p. 284 (I2,2) [LP, p. 233].

3. PW, p. 284 (I1a, 5) [LP, p. 232].

doivent apaiser la violence de l'extérieur. Pour Gutzkow, « c'est une ivresse d'opiomane qui s'est emparée du peuple, et l'industrie y a contribué plus encore que la poésie ». L'industrie a inventé « l'escroquerie aux valeurs mobilières » et, avec ses meubles apparemment anciens mais foncièrement modernes, « l'exploitation de tout ce qu'on voulait voir susciter des besoins artificiels, et les dividendes » [1].

Mais, pour Benjamin, l'ivresse est aussi d'une extrême importance pour la conscience onirique ; elle permet d'accéder aux mondes des « ressemblances » [2] et en même temps de se rapprocher d'une « conscience révolutionnaire », dont le rapport au temps ressemble à une nuit vécue sous l'emprise du haschich [3]. Là où l'individu semble le plus aliéné, le plus « halluciné », là aussi croît ce qui sauve, un souvenir des lieux originaires de la créativité. La fantasmagorie abrite donc en elle-même des forces régressives (narcotiques) et des forces progressives (enivrantes dans un sens révolutionnaire).

Balzac ou l'histoire

Benjamin remarque que l'intérieur que Balzac imagine pour sa propriété des Jardies mélange le marbre de Paros, le bois de cèdre, la peinture de Delacroix et le marbre cippolino [4]. Outre son caractère « défensif », compensatoire et orientalisant, l'intérieur bourgeois sous Louis-Philippe joue selon Benjamin une « mascarade des styles » [5]. La fantasmagorie de l'intérieur caractérise – dans les termes qu'il emprunte à Franz Hessel – une « époque rêveuse du mauvais goût » :

> Oui, cette époque était tout entière tournée vers le rêve, était meublée de rêve. Les changements de style, gothique, persan, Renaissance, etc., tout cela voulait dire : une salle de banquet de César Borgia vient s'appliquer sur l'intérieur de la salle à manger bourgeoise, une chapelle gothique surgit dans le boudoir de la maîtresse de maison, le bureau du

---

1. Cité *in* PW, p. 284 (I1a, 5) [LP, p. 232].
2. PW, p. 526 (M1a, 1) [LP, p. 436].
3. PW, p. 602-603 (N15,1) [LP, p. 500].
4. Cité *in* PW, p. 296 (I6,2) [LP, p. 242-243].
5. PW, p. 288-289 (I3,4) [LP, p. 236].

> maître de maison se métamorphose par irisations successives en chambre
> de prince persan [1].

Le salon de l'Empire se résume à un atrium avec des fauteuils en chaises curules. Benjamin recopie dans un livre sur le goût pendant la Restauration que tout ceci est remplacé par des « canapés, divans, ottomanes, causeuses, dormeuses, méridiennes » [2]. Puis, à l'époque de Louis-Philippe, par le rococo.

Pour le philosophe, la mascarade des styles a son origine dans la dissimulation des rapports sociaux de domination : « Les détenteurs du pouvoir dans la bourgeoisie, souvent, n'exercent plus ce pouvoir là où ils vivent (les rentiers) et sous des formes immédiates et directes. Le style de leurs appartements vient de leur *fausse immédiateté*. » [3] Le bourgeois n'exerce plus son pouvoir sur son lieu de travail ; bien souvent, sous Louis-Philippe, il vit de ses rentes. L'exercice de la domination n'est plus ni immédiat ni direct, mais de plus en plus médiatisé par la marchandise. Ne vivant que dans cet ensemble de médiations assurant sa domination de classe, le bourgeois regrette toutefois une certaine immédiateté. Pour sa bonne conscience du moins, il exige une forme « authentique » d'immédiateté. Son intérieur la lui fournit.

Pons ou la collection

En 1927, Benjamin fait avec le haschich une expérience qui lui rappelle l'ivresse historicisante et orientalisante de l'intérieur, sensation bien connue du collectionneur. Apparaît alors « une structure où seules des figures peuvent habiter » :

> Je peux faire une foule de choses avec, d'un point de vue plastique.
> Piscator, avec toutes ses productions, peut aller se rhabiller. J'ai la
> possibilité de modifier tout l'éclairage en maniant de minuscules leviers.
> Je peux transformer la maison de Goethe en Opéra de Londres. Je peux
> y lire toute l'histoire du monde. Je vois dans l'espace pourquoi je

---

1. PW, p. 282 (I1,6) [LP, p. 231] et PW, p. 513 (L1a, 2) [LP, p. 424-425].
2. Cité *in* PW, p. 295 (I5a, 3) [LP, p. 242].
3. PW, p. 288-289 (I3,4) [LP, p. 236]. Nous soulignons.

collectionne des images de colportage. Je peux tout voir dans la pièce ; les fils de Charles III et tout ce que vous voulez[1].

La « fausse immédiateté » qui frappe celui qui pénètre dans un intérieur bourgeois atteint son paroxysme dans l'intérieur du collectionneur. Benjamin note qu'« il suffirait d'étudier avec soin la physionomie de l'appartement de grands collectionneurs pour avoir la clé de l'intérieur du XIXᵉ siècle. Là, les choses prennent lentement possession de l'appartement, ici un mobilier veut rassembler, accumuler les traces stylistiques de tous les siècles passés. »[2] Celui du *Cousin Pons* de Balzac rassemble les splendeurs européennes du passé, selon la mode de l'Empire mais à l'époque de la Restauration. Autrement dit : avec un temps de retard.

Le monde du collectionneur aménage un « monde des choses », un refuge pour l'art. « Le collectionneur se trouve être le véritable occupant de l'intérieur, lit-on dans l'*Exposé de 1939*. Il fait son affaire de l'idéalisation des objets. C'est à lui qu'incombe cette tâche sisyphéenne d'ôter aux choses, parce qu'il les possède, leur caractère de marchandise. »[3] Parce qu'il ne peut supporter l'échangisme capitaliste, avec sa dose de brutalité économique et de violence sociale, l'occupant de l'intérieur fait disparaître la valeur d'échange des objets. Ceux-ci demeurent authentiques, uniques, et se trouvent mis en relation les uns avec les autres par leur valeur esthétique.

L'habitant typique de l'intérieur ne refuse la valeur d'échange des objets que pour leur conférer « la valeur qu'elles ont pour l'amateur au lieu de la valeur d'usage ». La « valeur de l'amateur » correspond à cette fausse immédiateté qu'il substitue à la valeur d'échange sans parvenir à la véritable immédiateté qu'aurait été la valeur d'usage. Elle n'est pas indexée au monde proche et vivant d'une véritable expérience historique comme dans la valeur d'usage, qui renvoie au temps de travail, mais à un monde « lointain », « défunt », et en même temps « meilleur ». Ce monde-ci ne constitue pas celui dans

1. PW, p. 286 (I2a, 1) [LP, p. 235].
2. PW, p. 288 (I3,2) [LP, p. 236].
3. *Exposé de 1939*, PW, p. 67 [LP, p. 52]. *Ibid.* pour les citations suivantes.

lequel l'homme peut subvenir à ses besoins selon ses capacités (une sorte de monde idéal où la valeur d'échange serait subordonnée à la valeur d'usage), mais un univers dans lequel *les choses seules* sont « libérées de la servitude d'être utiles »[1]. Le collectionneur « idéalise » les objets, les sortant de leur simple statut de marchandise, pour les projeter dans un monde meilleur où seules les choses sont libérées de la marchandisation, l'homme y restant soumis. Cette farandole des choses dans un monde idéal, lointain et défunt grise l'habitant de l'intérieur.

Benjamin s'intéresse à Simmel qui examine ce changement d'attitude par rapport aux objets dans l'aménagement intérieur. Un tel changement révèle une modification des positions économiques et sociales du sujet et de l'objet. Les choses sont désormais marquées par la « différenciation » et la « spécialisation » modernes (ce que Marx appelle, lui, « fétichisme »[2]). Au début du XIXᵉ siècle, le mobilier, utilitaire ou décoratif, reste simple, durable, et s'accorde avec la personnalité de son propriétaire. L'usage ne se voit pas encore gêné par les nécessités de l'échange. Mais plus tard, avec la division du travail, la « différenciation » croissante des objets sépare toujours plus les hommes de leurs créations, dans l'ordre de la contiguïté comme dans celui de la succession. Dans l'ordre de la contiguïté (dans l'espace), la profusion des objets empêche qu'ils puissent être assimilés par une seule personnalité. Les ménagères se plaignent du service « fétichiste » qu'exige l'entretien de leur intérieur. Avec une mobilité qui leur semble spontanée, les objets opposent leur autonomie de choses spécialisées, sans aucun lien avec la personnalité de leurs usagers. Dans l'ordre de la succession (dans le temps), les changements de mode entravent la possibilité d'« enracinement » entre le sujet et

1. *Exposé de 1939*, PW, p. 67 [LP, p. 52].

2. Avec Simmel, Benjamin opère une correction « psycho-économique » de la théorie du fétichisme de la marchandise. Le concept de « différenciation » chez Simmel a la même place que le concept de séparation du producteur avec ses moyens de production chez Marx. Les moyens du travail sont les premiers à se différencier, empêchant la personnalité du travailleur de s'exprimer (au contraire des outils de l'art peu différenciés dans lesquels peut s'épanouir la personnalité de l'artiste). Ce processus est accéléré par l'automation qui morcèle les matériaux et les énergies.

l'objet. Enfin, la « pluralité des styles », toujours plus grande, offerte par les objets « quotidiennement visibles » renforce encore la distance du sujet et l'autonomie de l'objet, l'incapacité du sujet à s'assimiler à l'objet et à le soumettre à son propre rythme [1]. En termes simmeliens, le « procès d'objectivation des contenus culturels » instaure entre l'homme et ses créations une altérité toujours plus grande.

Cette aliénation selon Simmel est la condition de la fantasmagorie, qui remplit de fantasme les objets évidés par la différenciation et la spécialisation modernes. Le collectionneur, toujours plus étranger à ses moyens de production et toujours plus éloigné du « rêve de leur grandeur future » [2] cherche à fuir cette spécialisation et cette autonomie des objets dans la sphère échangiste. Mais, ne retrouvant pas la valeur concrète des objets, il remplace une abstraction par une autre.

Finalement, le collectionneur ne fait qu'accentuer, en le réenchantant, ce processus d'abstraction et de domination formelle des choses sur les hommes. Les objets fétichisés par la valeur d'échange s'érigent toujours plus en un univers avec sa cohérence propre et de plus en plus imperméable à la subjectivité, au vouloir et au sentir humains. L'habitant de l'intérieur substitue la « valeur de l'amateur » à la « valeur d'échange », une abstraction magique à une abstraction formelle. Bref, il élève le fétichisme au niveau de la fantasmagorie.

Niant les conditions concrètes de l'organisation sociale, la fantasmagorie parachève l'image que la société produit à partir d'elle-même et qui compense et occulte la dégradation capitaliste. Dans l'essai que Benjamin écrit en 1937 sur Fuchs, on peut lire que « le concept de culture a un aspect *fétichiste*. La culture y paraît *réifiée* [*Sie erscheint verdinglicht*]. » [3] La fantasmagorie répond au nom de « culture » de la société marchande. *La fantasmagorie est le nom que prend le fétichisme de la valeur dans la sphère culturelle. Elle exprime à sa manière singulière le processus de réification dans le domaine culturel.*

---

1. Benjamin s'appuie sur Georg Simmel, *Philosophie de l'argent*, Paris, P.U.F., 1999, p. 588-592.
2. PW, p. 298-299 (I7a, 1) [LP, p. 245].
3. *Eduard Fuchs*, II, p. 477 [III, p. 187]. Nous soulignons.

La fantasmagorie résulte d'abord et avant tout des rapports humains qui ont pris la forme des rapports entre les choses dans une société capitaliste où le producteur se trouve séparé de ses moyens de production, et le travail du capital. Tout art et toute science « sont dus », écrit Benjamin dans ce passage sur Fuchs qui sera repris dans le *Livre des passages* et dans les *Thèses sur le concept d'histoire*, « non seulement à l'effort des grands génies qui les ont créés, mais, à des degrés divers, *au servage anonyme* [der namenlosen Fron] *de leurs contemporains*. Il n'existe aucun témoignage de culture qui ne soit en même temps un témoignage de barbarie. » [1] La corvée des « sans-noms » (*namenlosen*), barbarie de notre civilisation, constitue une condition des œuvres scientifiques et artistiques.

Les périodes de floraison artistique n'entretiennent pas toujours un rapport direct avec le développement général de la société, « ni par conséquent avec celui de sa base matérielle, qui est pour ainsi dire l'ossature de son organisation » [2]. Il y a dans la société capitaliste une contradiction entre le développement de la base matérielle et celui des formes artistiques. Le premier correspond à un état de barbarie ; le second à un état de culture avancé.

Benjamin note cette observation de Marx selon laquelle « la difficulté ne réside que dans la manière de saisir ces contradictions. Dès qu'elles sont *spécifiées*, elles se trouvent par là même *expliquées*. » [3] Tout le travail de Benjamin sur la fantasmagorie consiste selon ce programme à spécifier (c'est-à-dire à situer historiquement) les contradictions qui se reflètent dans la culture. Il s'agit pour lui de saisir le processus de réification en acte dans la culture.

Sous l'empire de la valeur d'échange, produits et utilités sociales se dégradent. On cherche alors pour les objets produits un visage authentique qui rappelle l'état d'avant leur dégradation. Pour contrer leur réduction à leur valeur d'échange, ils prétendent, avec la forme

1. *Eduard Fuchs*, II, p. 477 [III, p. 187]. Nous soulignons. Aussi PW, p. 584 (N6,1) [LP, p. 485].

2. Karl Marx, *Contribution à la critique de l'économie politique*, *op. cit.*, p. 174, cité par Benjamin *in* PW, p. 581 (N4a, 1) [LP, p. 482].

3. *Ibid*. Nous soulignons.

fantasmagorique, à une forme authentiquement sociale. Les marchandises deviennent des fantasmagories par nostalgie de la valeur d'usage. La valeur fait « de chaque produit du travail un hiéroglyphe »[1], ces hiéroglyphes du XIXᵉ siècle dont parle Benjamin et qui donnera son nom à un essai d'Ernst Bloch où Benjamin se pensera plagié. Dès son premier projet, Benjamin note que les étalages de marchandises forment des « rébus »[2], un peu comme le rêve chez Freud. Ces rébus ou hiéroglyphes sont des *signes évidés* dans lesquels l'imaginaire collectif pourra s'engouffrer. Toute marchandise – note-t-il chez Marx – constitue « un signe, parce qu'elle n'est valeur que comme enveloppe du travail humain dépensé dans sa production »[3]. Les choses se dégradent en marchandises, et prennent une apparence fantasmagorique pour dissimuler cette dégradation.

Poe ou la trace

Le collectionneur cherche à se dédommager de l'absence de valeur d'usage, de la tyrannie de la valeur d'échange, de la disparition de toute historicité dans le monde et de la dictature d'une « fausse immédiateté » qui ne lui appartient pas. Il cherche à compenser l'absence de traces humaines dans le monde moderne. Dans son intérieur, il laisse des traces. C'est pourquoi l'intérieur ne forme pas seulement l'univers du particulier, mais plus précisément son « étui ». Nostalgique de la valeur d'usage, le particulier de la bourgeoisie sous Louis-Philippe agit « comme s'il avait mis un point d'honneur à ne pas laisser se perdre les traces de ses objets d'usage et de ses accessoires »[4]. Il trouve alors pour une multitude d'objets des matériaux qui en conservent l'empreinte. Peluche et velours viennent envelopper, à travers housses et étuis, ses pantoufles, montres, couverts et parapluie.

---

1. Karl Marx, *Das Kapital*, éd. Korsch, Berlin, 1932 [*Le capital*, p. 86], cité *in* PW, p. 807 (X4,3) [LP, p. 671].

2. *Passages parisiens II*, PW, p. 1045 [LP, p. 870].

3. Karl Marx, *Das Kapital*, éd. Korsch, Berlin, 1932 [*Le capital*, p. 101], cité *in* PW, p. 805 (X3,6) [LP, p. 669]. Benjamin saisit ces expressions pour faire de la marchandise l'allégorie des temps modernes, le signe sans signification, le hiéroglyphe chargé de ce qu'on y projette.

4. *Exposé de 1939*, PW, p. 68 [LP, p. 53].

On peut reconstituer, à partir des notes de Benjamin, une véritable « histoire des traces » et de la pratique indiciaire. L'administration au XVIII ᵉ siècle est capable de reconnaître la singularité des individus sans avoir besoin d'écritures officielles. En témoigne cette expérience de Rousseau que rapporte Benjamin. Secrétaire d'ambassade à Venise, l'auteur du *Contrat social* abolit la taxe des passeports pour les Français et peut reconnaître leur région d'origine à l'oreille :

> Dès qu'on sut la réforme que j'avais faite dans la taxe des passeports, il ne se présenta plus, pour en avoir, que des foules de prétendus Français, qui, dans des baragouins abominables, se disaient l'un Provençal, l'autre Picard, l'autre Bourguignon. Comme j'ai l'oreille assez fine, je n'en fus guère la dupe, et je doute qu'un seul Italien m'ait soufflé mon sequin et qu'un seul Français l'ait payé [1].

L'homme porte dans sa voix le lieu de sa provenance, trace « authentique » s'il en est. Mais avec l'appareil administratif moderne, toutes ces traces « authentiques », proches du corps humain dont elles sont le signe, s'éloignent dans un ensemble de symboles bureaucratiques autoréférentiels. Le cadastre remplace l'oreille, comme le note Benjamin, chez Balzac cette fois :

> [...] essayez donc de rester inconnues, pauvres femmes de France, de filer le moindre petit roman d'amour au milieu d'une civilisation qui note sur les places publiques l'heure du départ et de l'arrivée des fiacres, qui compte les lettres, qui les timbre doublement, au moment précis où elles sont jetées dans les boîtes, et quand elles se distribuent, qui numérote les maisons ..., qui va bientôt posséder tout son territoire représenté dans ses dernières parcelles, [...] sur les vastes feuilles du cadastre, œuvre de géant, ordonnée par un géant [2].

Suivant un processus similaire à la fétichisation de la marchandise, les traces se font de plus en plus abstraites, de moins en moins rapportées à la réalité du corps humain. L'écriture officielle s'est

---

1. Jean-Jacques Rousseau, *Les confessions*, Paris, 1931, cité *in* PW, p. 300 (I8,2) [LP, p. 246].

2. Balzac, *Modeste Mignon*, cité par Régis Messac, *Le « Detective Novel » et l'influence de la pensée scientifique*, Paris, 1929, cité *in* PW, p. 297 (I6a, 4) [LP, p. 243].

substituée aux corps. Comme Benjamin le remarque enfin chez Conrad :

> [...] je n'étais, comme tous les marins du port, qu'un simple prétexte à écritures officielles, à formules remplies avec toute l'artificielle supériorité qu'un homme de plume et d'encre possède sur des hommes qui ont à faire à des réalités, hors des murs sacro-saints des bâtiments officiels. Quels fantômes nous devions être pour lui ! De simples symboles avec lesquels on jonglait sur des livres et de lourds registres : des entités, sans cerveaux, sans muscles et sans inquiétudes : sans grande utilité et d'une classe fort inférieure [1].

Que conclut Benjamin de ces expériences qu'il recueille chez Conrad, Balzac et Rousseau ? Que « la connaissance des hommes que l'employé expérimenté pouvait acquérir par la pratique n'est plus quelque chose de décisif ». Pourquoi ? Parce que « la pratique est chassée du processus de production par le machinisme. L'organisation accrue produit un effet analogue dans l'administration. » [2] Le sceau de la pratique, la *trace* de la valeur d'usage (utilité et productivité, singularité des corps au travail, provenance régionale des voyageurs, corps des marins), s'est effacée au profit du machinisme et de la machine bureaucratique qui l'accompagne, de la seule *trace administrative*. Trace contre trace : le signe d'une pratique réelle disparaît sous des symboles administratifs abstraits.

Le concept de trace constitue chez Benjamin l'envers de celui d'aura : l'aura désignait l'unique apparition d'un lointain, aussi proche soit-il ; la trace renvoie à l'apparition multiple d'un proche, aussi lointain soit-il [3]. En laissant partout sa trace, l'intérieur bourgeois se défend de cet envahissement des traces administratives, parallèle à l'effacement fétichisant des traces réelles au profit des symboles de la marchandisation, chiffres posés comme des énigmes sur les

1. Joseph Conrad, *Die Schattenlinie* (*La ligne d'ombre*), Berlin, 1926, cité *in* PW, p. 299 (I7a, 3) [LP, p. 245].

2. PW, p. 299-300 (I8,1) [LP, p. 245].

3. PW, p. 560 (M16a, 4) [LP, p. 464].

marchandises. La trace récupère l'aura par d'autres moyens, inversés : elle convoque une certaine chaleur, un lointain harmonieux.

Le bourgeois orléaniste accumule toutes sortes de traces dans son intérieur. Étuis, housses et gaines visent à conserver les traces, et avec la peluche, les traces s'impriment facilement. Le roman bourgeois doit être un « lieu qu'on habite » fait de traces authentiques, et non pas (comme dans *Le Juif errant* d'Eugène Sue, sorti en 1844-1845 et descendu par les critiques) une place qu'on traverse, fait de traces artificielles palliant mal l'absence de traces réelles [1]. Ce processus de création de traces de compensations cherche à dédommager de l'effacement des traces provoquées par la vie moderne.

Le style du Second Empire transforme l'appartement en habitacle. Dans l'intérieur, l'homme fragmenté tente de se recomposer. Mais sa subjectivité reste à l'état de ruine, éparpillée comme ses éléments de décoration. D'où le roman policier qui, à partir de ces fragments épars, reconstitue l'histoire du crime. Cela n'est pas pour rien que l'écrivain des premiers polars, Edgar Poe, est aussi l'auteur d'une *Philosophie de l'ameublement* – note Benjamin. Il incarne « le premier physiognomoniste de l'intérieur. Les criminels dans les premiers romans policiers ne sont ni des gentlemen ni des apaches, mais de simples particuliers issus de la bourgeoisie (*Le chat noir, Le cœur révélateur, William Wilson*). » [2] La police scientifique de Londres peut résoudre une affaire de meurtre à partir d'un sac contenant les morceaux de la victime et des lambeaux de vêtements. Cette attention aux traces, mise en scène dans les premiers romans policiers, témoigne d'une nostalgie pour les traces réelles perdues.

« Efface tes traces ! », relève Benjamin dans le *Manuel pour habitant des villes* de Brecht. L'actualité frénétique qui se dissimule dans le comportement bourgeois d'habiter (*wohnen*) son intérieur constitue sa vie *habituelle* (*gewohntes Leben*). En laissant ses traces, le bourgeois préserve ses habitudes. Il témoigne de la constance (apparente) de sa personnalité et de sa maîtrise sur le monde. Ce comportement

---

1. PW, p. 292-293 (I4a,2) [LP, p. 240].
2. *Exposé de 1939*, PW, p. 68 [LP, p. 53].

consiste à « donner forme pour nous à un boîtier [*ein Gehäuse*] » [1]. L'appartement aménage un « étui » pour l'homme lui-même. Le problème de l'habiter (*das Wohnen*) se déploie *in fine* dans deux directions essentielles pour Benjamin :

> 1. « Il faut en reconnaître l'élément très ancien [*Uralte*] – éternel peut-être –, l'image du séjour de l'homme dans le sein maternel. »
> 2. « Malgré ce motif historico-originaire [*urgeschichtlichen Motivs*], il faut considérer l'habiter dans sa forme la plus extrême comme un mode d'existence du XIXe siècle. »

Il précise :

> La forme originaire [*Urform*] de toute habitation est la vie non pas dans une maison, mais dans un boîtier [*Gehäuse*]. Celui-ci porte l'empreinte de son locataire. Dans le cas le plus extrême, l'appartement devient boîtier. Le XIXe siècle a été, plus qu'aucun autre, lié à l'habitat. Il a conçu l'appartement comme un étui [*Futteral*] pour l'homme et l'a encastré là-dedans avec toutes ses possessions si profondément que l'on croirait voir l'intérieur d'une boîte à compas dans laquelle l'instrument est logé avec tous ses accessoires dans de profondes cavités de velours le plus souvent violet. Pour quel objet le XIXe siècle n'a-t-il pas inventé de boîtier [*Gehäuse*] ? Il y en a pour les montres, les pantoufles, les coquetiers, les thermomètres, les cartes à jouer – et faute de boîtiers, il invente des enveloppes, des tapis, des couvertures et des housses [2].

Dans la fantasmagorie de l'intérieur, l'homme cherche à entrer dans un monde originaire, un monde intra-utérin. Mais en même temps, cette manière d'habiter est typique du XIXe siècle. Sa tentative de faire de l'intérieur un étui pour l'homme contient à la fois un trait « historico-originaire » (*urgeschichtliche*) et un trait historico-sociologique. Cette fantasmagorie de l'intérieur recèle une part d'universel (retourner « aux origines », dans le sein maternel [3]) et une

---

1. PW, p. 292 (I4,5) [LP, p. 239].

2. PW, p. 291-292 (I4,4) [LP, p. 239, trad. modifiée].

3. Cette attitude correspond au « sentiment océanique », c'est-à-dire à l'instinct de mort, que l'on retrouvera d'ailleurs dans le modern style avec ses « clins d'œil en provenance du nirvana » correspondant à sa ligne hiératique, et opposé à la ligne de l'émancipation.

part d'historique (se protéger des autres classes). Dans le « retour aux origines », Benjamin soupçonne une réminiscence de traits utopiques, un rappel de la société sans classes, en contradiction avec l'histoire [1]. Par ces traces de compensations, le bourgeois philippard entendait réenchanter le monde, le ré-auratiser.

La fantasmagorie de l'intérieur tente de redonner au monde l'aura qu'il dégageait avant l'effacement industriel et bureaucratique des traces humaines. Le salon regorge de tentures, mais aussi de tissus qui recouvrent les meubles. L'étui permet de conserver les traces « authentiques » à l'heure de l'effacement des traces de l'expérience d'un côté, et de la menace grandissante des traces administratives de l'autre qui précipitent cet effacement.

Benjamin le note dans sa recension d'une étude sociologique de Kracauer et à nouveau dans le *Livre des passages* : la fantasmagorie résulte d'un « refoulement » [2]. Il utilise en 1930 le mot « fantasmagorie » à l'occasion d'une recension enthousiaste des *Employés*. Le terme constitue le pivot autour duquel Benjamin passe d'une théorie du refoulement à une théorie de la superstructure :

> Et plus profondément encore le désespoir [*Trostlosigkeit*] est refoulé [*verdrängt*] de la conscience des couches qui en sont atteintes, plus il se montre – selon la loi du refoulement – créateur dans la génération d'images [*Bilderzeugung*]. Il est très tentant de comparer ces processus par lesquels une situation économique insupportablement pleine de tensions [*unerträglich angespannte*] génère [*erzeugt*] une fausse conscience avec ceux du névrosé, du psychopathe, qui le conduisent de conflits privés insupportablement pleins de tensions [*unerträglich angespannten*] à sa fausse conscience. Aussi longtemps du moins que l'enseignement marxiste à propos de la superstructure ne sera pas complété par celui si impérieusement nécessaire concernant l'engendrement [*Entstehung*] de

Mais cette mention de l'histoire originaire peut aussi correspondre au concept marxiste de « préhistoire », c'est-à-dire à la société sans classes.

1. La réminiscence de la société sans classe, thème émancipatoire s'il en est, est alors inextricablement mêlée, dans les fantasmagories de l'intérieur, à l'instinct de mort, c'est-à-dire au thème hiératique. Le modern style permettra à Benjamin de démêler cet écheveau.

2. *Exposé de 1935*, PW, p. 52 [LP, p. 41].

la fausse conscience, il ne sera guère possible de répondre autrement à la question : "comment s'engendre [*entsteht*], des contradictions économiques d'une situation, sa conscience inadéquate ?" que par le schéma du refoulement [*Verdrängung*]. Ce qui est généré [*die Erzeugnisse*] par la fausse conscience ressemble à ces énigmes dessinées [*Vexierbilden*], dans lesquelles le sujet principal ne peut se deviner qu'au beau milieu des nuages, des feuillages et des ombres. Et l'auteur est descendu jusqu'aux encarts publicitaires des journaux d'employés pour découvrir ces sujets principaux qui paraissent enveloppés et énigmatiquement détenus [*vexierhaft*] dans les fantasmagories de [*in den Phantasmagorien von*] l'éclat et de la jeunesse, de la culture et de la personnalité, à savoir : les manuels de conversation et les lits, les semelles de crêpe, les porte-plume anticrampes et les pianos de qualité, les produits rajeunissants et les dents blanches. Mais l'idéal ne se contente pas de cette existence imaginaire [*Phantasieexistenz*], et perce dans le quotidien de l'entreprise de manière aussi énigmatiquement détenue [*vexierhaft*] que la misère dans l'éclat du divertissement [1].

Les « fantasmagories de l'éclat et de la jeunesse, de la culture et de la personnalité » sont typiques de la nouvelle couche sociale que forment les employés de l'époque de Weimar étudiés par Kracauer. Eclats du divertissement, elles constituent des « rébus optiques » au milieu desquels se cache un sujet de l'histoire. Or ces énigmes sont générées par une fausse conscience que le schéma freudien du refoulement appréhende mieux que la théorie marxiste de la superstructure : les employés vivent dans une situation économique misérable, insupportable et pleine de tensions ; pour supporter cette désolation et le désespoir auquel ils risquent de succomber, ils participent à la création d'images éclatantes. Plus le désespoir se trouve refoulé, plus les images scintillent. Mais un idéal persiste malgré cette vie fantasmagorique. De la même manière que l'espoir d'abolir le traumatisme originaire persiste malgré les illusions que se fabrique le névrosé, la misère ne cesse d'être présente dans l'éclat du divertissement, et l'idéal persiste dans le quotidien économique des hommes. Benjamin associe Freud et Marx dans une combinaison

1. *Un marginal sort de l'ombre*, III, p. 223-224 [II, p. 185-186, trad. modifiée].

anthropologique de la théorie matérialiste du monde fétichisé et de celle, psychanalytique, du refoulement générateur d'images délirantes. Le fétichisme articule chez lui le rapport entre psychologie et société, mais sous le nom de la fantasmagorie.

Gautier ou la nature

L'intérieur est aussi propice à des séductions « végétales ». Benjamin reprend à Théophile Gautier sa description d'un salon parisien : « L'œil charmé se porte sur les groupes de femmes qui, en agitant l'éventail, écoutent les causeurs inclinés à demi ; les yeux scintillent comme des diamants, les épaules luisent comme du satin, les lèvres s'ouvrent comme les fleurs. »[1] Le philosophe résume : « le regard se perdait dans les portières bouffantes et les coussins rebondis, où les psychés révélaient aux regards des invités des portails d'église et les causeuses des gondoles, [...] enfin, où la lumière du gaz brillait comme la lune en tombant d'un globe de verre »[2].

D'après Benjamin, l'« alibi » historicisant de la fantasmagorie de l'intérieur est encore renforcé « par un alibi encore plus lointain dans l'histoire naturelle », « en particulier le règne végétal »[3], qui correspond à un sommeil plus profond. Le Second Empire renforce l'alibi historicisant grâce à une taxinomie par espèce et par genre des meubles et de leur environnement. L'intérieur « apocalyptique » qui fait pénétrer en lui l'éternité de la nature est dans ce sens le « complément » de l'intérieur bourgeois stylisant. On le trouve selon Benjamin chez Hugo, mais aussi chez Kierkegaard :

> Cordélia est assise près de moi ; devant nous, une table ronde, pour le thé, est recouverte d'un tapis qui retombe en larges plis. Elle supporte une lampe en forme de fleur qui s'élève, massive et puissante, et soutient comme sa corolle un abat-jour de papier finement découpé qui retombe à son tour, et si léger qu'il remue sans cesse. La lampe évoque les pays d'Orient, et le tremblement de l'abat-jour, les douces brises de ces

---

1. Théophile Gautier, *Paris et les Parisiens au xixe siècle*, Paris, 1856, cité *in* PW, p. 295-296 (I6,1) [LP, p. 242].

2. PW, p. 282 (I1,8) [LP, p. 231].

3. PW, P. 298 (I7,5) [LP, p. 244].

contrées. Le parquet est masqué par un tapis dont la natte trahit au premier coup d'œil l'origine exotique. Parfois, la lampe est le motif évocateur de mon paysage. Je me vois alors alangui sur le sol avec Cordélia sous l'immense fleur. D'autres fois, la natte de joncs éveille l'image d'un navire, d'une cabine d'officier et nous voguons au large, en plein océan. Comme nous sommes éloignés de la fenêtre, notre regard se perd aussitôt dans l'immensité du ciel et de l'horizon [1].

Les masques historicisants laissent la place à des « images archaïques » : la fleur comme « image de vie organique » ; l'Orient comme « nom du pays de la langueur [*Sehnsucht*] » ; la mer comme « image de l'éternité ». Le mouvement de l'histoire devient stationnaire, figé dans le temps par la force de la séparation de la marchandise et de la valeur d'usage.

Le bourgeois du règne de Louis-Philippe est le premier à naturaliser l'intérieur, parfois de façon grandiose. Il n'hésite pas à placer son salon au milieu de la nature, à « transformer la nature en intérieur », ainsi que le rapporte le témoin d'un bal à l'ambassade de Grande-Bretagne de 1839 que cite Benjamin :

Le jardin [...] ressemblait à un salon. Mais quel salon ! Les odorants parterres couverts de fleurs s'étaient métamorphosés en énormes jardinières, le sable des allées disparaissait sous des tapis éblouissants, on avait remplacé les bancs de fonte par des canapés recouverts de soie et de damas ; une table ronde portait des livres et des albums. On entendait au loin le bruit de l'orchestre qui parvenait jusque dans cet immense boudoir [2].

L'alibi naturalisant de la fantasmagorie de l'intérieur culmine ainsi avec la transformation en intérieur de la nature elle-même. La naturalité imposée par la loi de la valeur d'échange et réalisée dans l'intérieur correspond chez Benjamin à l'*Erlebnis*, l'expérience vécue, anhistorique.

---

1. Kierkegaard in Theodor Adorno, *Kierkegaard*, Tübingen, 1933, cité *in* PW, p. 290 (I3a) [LP, p. 237-238].
2. Cité *in* PW, p. 291 (I4,1 et I4,2) [LP, p. 238-239].

Compensation de la *dégradation* des choses sous la forme de marchandises par leur *idéalisation* dans leur exposition magique, la fantasmagorie caractérise le produit de l'homme tel que ce produit se présente immédiatement à lui sur un mode fantastique et éternel. La fantasmagorie arrête le mouvement historique dans l'illusion de l'éternité. Elle éternise l'instant entre le rêve et la réalité. La ville de Paris se transforme ainsi en intérieur dans *La vie parisienne* d'Offenbach. Dans les mots que Benjamin reprend à Kracauer : « Il voit un Paris nimbé de lumière, où s'estompent toutes les différences de classe, où règnent un doux été méridional et une animation bruyante. Tandis que Métella lit la lettre, image limpide, image miniature, Paris baigne dans une musique mélancolique et bienheureuse qui semble l'évoquer comme le Paradis perdu et la Terre promise. »[1] La fantasmagorie transforme l'éternité en espace. Le paradis perdu, la société sans classe, c'est elle qui la réalise.

le modern style

Actif à la fin du XIXe siècle et au début du XXe, le modern style représente un art caractéristique de la Belle Époque (1890-1914), comme l'Art déco (1920-1940) l'est pour les Années folles de l'entre-deux-guerres. C'est donc par un anachronisme que Benjamin entend percer à jour le secret de la fantasmagorie de la monarchie de Juillet.

Contre les masques historicisants qui foisonnent dans la production académique des formes, le modern style revendique un retour aux formes les plus anciennes (classiques, gothiques), à l'esthétique de la nature (fleurs, plantes, arbres, insectes, animaux, mais aussi minéraux et monde marin) et aux matériaux anciens (bois, pierre, briques, faïences) tout en les mariant avec les matériaux et les procédés les plus nouveaux (acier portant, fer forgé, verre). Derrière des prétextes d'exposition d'un monde « intérieur », le modern style constitue en fait une échappatoire au monde profane moderne. Ses motifs floraux

---

1. Siegfried Kracauer, *Jacques Offenbach und das Paris seiner Zeit*, Amsterdam, 1937, cité *in* PW, p 167 (D4a, 1) [LP, p. 135].

végétalisent la pierre en même temps qu'ils pétrifient animaux et végétaux, les arrachent au royaume des vivants pour les projeter dans l'éternel. Dans le symbolisme, le retour au spirituel peut s'effectuer par un retour aux techniques et aux matériaux anciens (xylographie, taille sur pierre, livres illustrés). Le modern style au contraire s'élève sur le paradoxe de faire supporter la symbolique la plus ancienne par les matériaux les plus modernes.

D'après Benjamin, le modern style incarne l'expression la plus typique de la tendance naturalisante présente dans les salons bourgeois sous Louis-Philippe. Mais ce mouvement esthétique possède un statut particulier dans l'histoire des fantasmagories de l'intérieur : il en constitue à la fois l'achèvement et la « liquidation ». Pourquoi ? Parce que, d'un côté, il renforce l'alibi historicisant par un alibi naturalisant, « stylisant » définitivement les rapports fonctionnels entre différentes formes ; de l'autre, il détruit malgré tout l'alibi historicisant en lui opposant des formes purement « tectoniques »[1], celles des matériaux et des procédés modernes. Ce faisant, le modern style pousse la dialectique interne à la fantasmagorie de l'intérieur à son paroxysme : il se trouve polarisé aux deux extrêmes par le principe technique d'un côté, le masque historicisant-naturalisant de l'autre.

Ces deux tendances, qu'on pourrait dire « idéaltypiques », se trouvent entremêlées dans trois thématiques caractéristiques du modern style : « le thème hiératique, le thème de la perversion, le thème de l'émancipation »[2]. Le philosophe le note ailleurs en termes de « lignes » :

> De fait le modern style suit deux lignes distinctes. Celle de la perversion conduit de Baudelaire à Wilde et Beardsley ; la ligne hiératique passe par Mallarmé et aboutit à George. Enfin se dessine une troisième ligne, avec plus de force, la seule qui soit par endroits sortie du domaine de

1. *Exposé de 1939*, PW, p. 68 [LP, p. 53].

2. « Tous ces thèmes se trouvent réunis dans *Les fleurs du mal* ; on peut assigner à chacun d'entre eux un poème représentatif du recueil. Pour le premier thème, "Bénédiction", pour le deuxième "Delphine et Hippolyte", pour le troisième "Les litanies de Satan". », PW, p. 691 (S8,4) [LP, p. 573]. Un fragment qui précède dit la même chose avec différents auteurs.

l'art. C'est la ligne de l'émancipation qui, partant des *Fleurs du mal*, réunit les bas-fonds d'où est sorti le *Journal d'une femme perdue* aux sommets de *Zarathoustra*[1].

Voyons comment Benjamin collecte les fragments de ces différentes « lignes » du modern style pour en faire une mosaïque, une constellation, selon une polarité dialectique.

Nora et le hiératisme

Le modern style a, formellement, quelque chose de sacré. Il cherche à exprimer une spiritualité plus haute, une « vie intérieure » : c'est son thème cultuel, que Benjamin nomme *hiératique*. La figure féminine du modern style ressuscite celles de femmes frigides ou asexuées, apparitions séraphiques et androgynes. Benjamin inclut dans ce « thème de la stérilité » les femmes du théâtre d'Ibsen, qui ne dorment pas avec leurs amants. Nora, l'héroïne de *La maison de poupée*, va « main dans la main » non pas à la rencontre de son amant, mais « de quelque chose de terrible »[2]. Ce hiératisme correspond aux tendances morbides du modern style, à son goût pour l'inorganique, pour la mortification du vivant, pour la stérilité et, au fond, pour l'instinct de mort. Si l'on pouvait abstraire une ligne de l'autre, ce thème pourrait s'inscrire dans la ligne droite qui figure son caractère abstrait, symbolique et minéral. Il se trouve exprimé par Mallarmé, par Stefan George et dans un poème des *Fleurs du mal*, « Bénédiction » :

> Et je tordrai si bien cet arbre misérable,
> Qu'il ne pourra pousser ses boutons empestés![3]

Salomé et la perversion

Le thème de la perversion renvoie aux motifs floraux. Pour Benjamin, le modern style « se complaît à parler un langage linéaire à caractère médiumnique où la fleur, symbole de la vie végétative,

---

1. PW, p. 690-691 (S7a, 4) [LP, p. 572-573].
2. PW, p. 691 (S7a, 5) [LP, p. 573].
3. Cité *in* PW, p. 692 (S8,7) [LP, p. 574].

s'insinue dans les lignes mêmes de la construction. (La ligne courbe du « modern style » fait son apparition dès le titre des *Fleurs du mal*. Une sorte de guirlande marque le lien des *Fleurs du mal*, en passant par les « âmes des fleurs » d'Odilon Redon, au « faire catleya » de Swann.) »[1] La figure féminine propre à ce thème est Salomé, personnage biblique repris par Wilde, illustré par Beardsley et auquel les symbolistes vouent un culte. Salomé est une dominatrice à l'érotisme trouble, pervers et dangereux. Entrelacé avec le précédent, le thème de la perversion se caractérise par ses éléments organiques. La ligne courbe figure son caractère végétal et organique. Il ressort dans un autre poème des *Fleurs du mal*, « Femmes damnées. (Delphine et Hippolyte) », qui relate un amour homosexuel :

> Avons-nous donc commis une action étrange ?
> Explique, si tu peux, mon trouble et mon effroi :
> Je frissonne de peur quand tu me dis : 'Mon ange ! '
> Et cependant je sens ma bouche aller vers toi. […]
> Que nos rideaux fermés nous séparent du monde,
> Et que la lassitude amène le repos !
> Je veux m'anéantir dans ta gorge profonde
> Et trouver sur ton sein la fraîcheur des tombeaux ![2]

Par ces deux lignes formelles, hiératisme et perversion, le modern style symbolise le « style stylisant »[3] par excellence, apogée de la fantasmagorie de l'intérieur avec tous ses alibis. Ce double caractère du modern style se retrouve aussi, d'après Benjamin, dans la pulsion de mort qu'exprime Proust et dans le « regard floral » d'Odilon Redon. La « fraîcheur des tombeaux » d'Hyppolite rejoint le hiératisme. Le modern style s'approche de la « stérilité » du symbolisme : avec ses « regards floraux », ou « pervers », il « récupère les symboles »[4]. Dans ses notes, Benjamin associe le thème hiératique et le thème de

---

1. *Exposé de 1939*, PW, p. 69 [LP, p. 53-54].

2. Charles Baudelaire, *Les fleurs du mal*, *op. cit.*, p. 104-106 (c'est Walter Benjamin qui suggère ce poème comme représentatif).

3. PW, p. 691 (S8,2) [LP, p. 573].

4. PW, p. 691 (S7a, 6) [LP, p. 573] et PW, p. 693 (S8a, 5) [LP, p. 574].

la perversion dans la même tendance naturalisante et stylisante, opposée à la tendance « mécanisante » ou « tectonique » qui correspond au thème de l'émancipation.

Satan et l'émancipation

Le troisième motif typique du modern style est donc celui de l'émancipation. Le modern style se dégage de l'art de l'intérieur, du « style stylisant », et s'ouvre, contre les masques historicisants, à certaines aspirations nouvelles. C'est ce par quoi il liquide la fantasmagorie de l'intérieur.

Le thème de l'émancipation s'exprime dans les formes vides qui figurent le caractère géométrique et constructiviste, bref le *modernisme* du modern style. Comme dans le style du *Zarathoustra* de Nietzsche (mais non pas dans son contenu), la ligne formelle de l'émancipation correspond aux moments de respiration, aux « éléments tectoniques », autrement dit à la charpente et au principe de construction, opposés aux thèmes organiques, elle renvoie à la « prédominance de la forme vide, du moule en creux, sur la forme pleine »[1], autrement dit à une place vide, à un non-lieu. Au mysticisme de la ligne hiératique et de la forme pleine s'oppose le motif de l'émancipation et de la tendance aux formes vides. Il se retrouve aussi dans le *Journal d'une femme perdue* de Böhme, et dans un troisième poème des *Fleurs du mal*, « Les Litanies de Satan ». D'après Benjamin, l'image d'Auguste Blanqui, ce conspirateur professionnel qui semble lui-même mû par des forces infernales, « passe comme un éclair »[2] dans ce poème de Baudelaire, un homme tout aussi démoniaque. Les Litanies de Satan closent le cycle « Révolte » des *Fleurs du mal*. Y revient la ritournelle : « Ô Satan, prends pitié de ma longue misère ! ». Baudelaire adresse sa prière à celui « qui sai[t] tout, grand roi des choses souterraines, guérisseur familier des angoisses humaines ».

La dernière fantasmagorie de l'intérieur (d'après Benjamin) est traversée de traits hiératiques, pervers et tectoniques en tension entre eux. Ambivalent, le modern style se voit tiraillé entre historicisme,

---

1. PW, p. 691-692 (S8,5) [LP, p. 573].
2. *Exposé de 1939*, PW, p. 70 [LP, p. 54].

naturalisme et émancipation. Mais selon le philosophe, dans le modern style, la ligne du hiératisme gagne sur la ligne de l'émancipation. Le modern style intègre bien certaines formes tectoniques, mais il s'efforce « en même temps de les détacher de leurs rapports fonctionnels et de les présenter comme des constantes naturelles : il s'[efforce] en somme de les styliser » [1]. La ligne de l'émancipation se trouve écrasée par les lignes du hiératisme et de la perversion, tendant à naturaliser tant du côté minéral (hiératisme) que du côté végétal (perversion) les formes tectoniques nouvelles qui laissaient entrevoir un nouveau principe dynamique de construction.

Le modern style stérilise les supports techniques par l'ornementation. Aussi ne liquide-t-il pas tout à fait la fantasmagorie de l'intérieur. Dans sa tendance à styliser les formes tectoniques, il en est plutôt le paroxysme. Malgré une ouverture sur l'extérieur, le modern style se replie définitivement sur l'intérieur. Il est la dernière tentative de plaquer un monde intérieur sur la brutalité du monde extérieur. Comme Gaudi à la fin de sa vie, Henri Van de Velde (peintre, architecte et décorateur belge de l'Art nouveau) s'abîme dans le mysticisme. Les images archaïques de la fleur, de l'Orient et de la mer s'épanouissent dans le modern style comme dans l'intérieur bourgeois sous Louis-Philippe, « protégeant » la bourgeoisie de la colère populaire et des révoltes montantes. Tout comme la monarchie de Juillet transforme l'appartement en étui où s'abriter du monde extérieur, le modern style dans ses motifs floraux et hiératiques constitue la dernière tentative de faire de la ville un « foyer pour êtres humains », une alcôve géante à l'intériorité reine.

Toutefois, poussant la fantasmagorie de l'intérieur à son paroxysme, le modern style la neutralise. « Ibsen porte un jugement sur l'architecture du modern style dans *L'architecte Solness* », écrit Benjamin [2]. Dans le roman du Norvégien, le « constructeur » Solness est obsédé par l'idée de faire de véritables « foyers » pour les êtres

---

1. *Exposé de 1939*, PW, p. 68 [LP, p. 53].
2. PW, p. 684 (S4,6) [LP, p. 567]. Pour le résumé qui suit, *cf.* Henrik Ibsen, *Le constructeur Solness*, Paris, Actes Sud Papier, 1994.

humains (plutôt que de simples logements). Sa carrière commence par une tragédie : l'incendie de sa première maison. Solness veut consoler sa femme qui souffre d'y avoir perdu ses enfants, mais aussi des portraits, des robes, des dentelles, des bijoux, des souvenirs de famille et même ces poupées enfantines qu'elle portait en elle « comme des enfants à naître » – bref, de tout un monde « intérieur ». L'architecte bâtit alors foyer sur foyer, mais sans jamais parvenir à ressusciter le paradis perdu. Un jour, une femme, un ancien amour, l'encourage à ériger un « château de nuages » et à reproduire ses exploits techniques. Bref : à construire une tour. Solness saisit l'occasion pour tenter de réconcilier les deux femmes qu'il aime, l'une représentant le génie de l'intérieur, l'autre l'aventure de la technique. Il construit la tour. Ivre de sa réussite, il brave son vertige en montant à son sommet pour y planter la couronne de sa victoire, sous les applaudissements exaltés des deux femmes un instant réconciliées. Puis il tombe. Et fait ainsi – conclut Benjamin – « le bilan du modern style » : « quand l'individu essaie de relever le défi de la technique en ne comptant que sur l'intériorité, il court à sa perte » [1].

Anywhere out of the world !

Anywhere out of the world! clame Baudelaire après Poe. « N'importe où hors du monde! » : telle pouvait être la devise du modern style. Mais pour Benjamin, « aucune manifestation historique ne peut être conçue sous la seule catégorie de la fuite ; celle-ci porte toujours concrètement la marque de ce qui est fui » [2]. La forme modern style a beau souhaiter s'échapper du bourdonnement des villes, du déchaînement industriel et des dévastations économiques modernes, tout cela reste sa condition au point de vue technique : l'acier portant, le fer forgé et le verre forment les supports des ornementations de bois, de vitraux et de pierre. En cherchant à dissimuler les formes tectoniques sous des ornementations minérales et végétales, le modern style nie sa condition d'existence même. Il porte la marque de ce qu'il fuit.

1. *Exposé de 1935*, PW, p. 53 [LP, p. 908] ; *Exposé de 1939*, PW, p. 69 [LP, p. 53-54].
2. PW, p. 683 (S4,1) [LP, p. 567].

Mais comment rapporter, du point de vue de la forme des fantasmagories de l'intérieur, la « catégorie de la fuite » à la « marque de ce qui est fui » ? Paroxysme de la fantasmagorie de l'intérieur, le modern style tisse le rêve de la bourgeoisie qui lui permet de continuer à dormir :

> Dans le modern style, la bourgeoisie commence à prendre la mesure des conditions, non de sa domination sociale [comme à l'époque des fantasmagories de l'intérieur bourgeois sous Louis-Philippe], mais de sa domination sur la nature. La compréhension de ces conditions commence à exercer une pression [*Druck*] contre le seuil de sa conscience. D'où le mysticisme (Maeterlinck) [le hiératisme], qui cherche à atténuer cette pression ; mais d'où aussi la réception de formes techniques dans le modern style, par exemple de l'espace vide [l'émancipation] [1].

Le propre de la fantasmagorie réside dans son ambivalence : d'une part, elle porte des motifs d'émancipation, d'autre part, elle s'accroche à des motifs historicisants ou naturalisants tournés vers le passé. La fantasmagorie constitue un symptôme, un délire onirique qui résulte d'un refoulement. La bourgeoisie ne supporte plus une situation pleine de tensions – pourtant générée par elle – de domination sur l'homme et sur la nature.

> Le modern style est un progrès dans la mesure où la bourgeoisie se rapproche des fondements techniques de sa domination de la nature ; une régression, dans la mesure où elle perd sa force de voir en face la vie quotidienne. (Cela n'est plus possible que sous la protection du mensonge de la vie.) – La bourgeoisie sent qu'elle n'a plus longtemps à vivre ; elle se veut d'autant plus jeune. Elle se reflète ainsi devant elle une vie plus longue, ou au moins une mort en beauté [2].

Le modern style présentifie le rêve d'une classe qui veut garder les yeux fermés sur sa propre violence et sa propre mort. La dernière fantasmagorie de l'intérieur apprête l'imagerie d'une classe dominante qui se sent menacée.

---

1. PW, p. 694 (S9,4) [LP, p. 575, trad. modifiée].
2. PW, p. 694-695 (S9a, 4) [LP, p. 576, trad. modifiée].

Benjamin emploie le mot d'idéologie dans le contexte de son analyse de la fantasmagorie de l'intérieur sous Louis-Philippe. Il l'utilise aussi à propos du modern-style, qui semble *prolonger* la « fantasmagorie de l'intérieur » caractéristique de la période 1830-1848 : l'« idéologie » du modern style réside en ce qu'il « semble venu pour accomplir l'intérieur », écrit-il. « La transfiguration de l'âme solitaire semble être son but. L'individualisme est sa théorie. »[1]

Contrairement à la fantasmagorie, l'idéologie a un « but » et une « théorie », but et théorie implicites de la fantasmagorie : « l'homme déréalisé fait de son domicile un refuge ». Telle que l'expose Benjamin, la genèse de cette idéologie reste classique : l'individu bourgeois, sous Louis-Philippe, fait des affaires : il « favorise la construction des chemins de fer » et « améliore son capital en action ». Cependant, il ne veut rien savoir ni sur ses affaires, ni sur sa fonction sociale. Il les « refoule ». De là naissent les « fantasmagories » de l'intérieur, comme si l'idéologie n'existait que pour prolonger théoriquement la fantasmagorie.

Il semble que la fantasmagorie précède l'idéologie : d'abord, sous Louis-Philippe, la fantasmagorie de l'intérieur ; ensuite, à la fin du XIX e siècle, l'idéologie du modern style. Tout se passe comme si l'idéologie renvoyait à la justification théorique de la fantasmagorie. L'appartement est imprégné d'une fantasmagorie, d'un monde intérieur, muet ; le modern-style possède bien une idéologie, un discours sur l'intériorité. Mais « la véritable signification du modern style ne trouve pas son expression dans cette idéologie. Il représente l'ultime tentative de sortie de l'art assiégé dans sa tour d'ivoire par la technique. » Procès traditionnel de l'idéologie : l'oubli de son origine. C'est pourquoi la fantasmagorie, comme l'idéologie, ne trouve pas son expression en elle-même, mais dans ce qu'elle refoule. En l'occurrence : les « affaires » de la classe dominante, sa « fonction sociale », et la « technique » qui en résulte.

Au fur et à mesure que Benjamin avance dans l'histoire des fantasmagories de l'intérieur, il dégage un principe émancipateur de

---

1. Pour cette citation et les suivantes : *Exposé de 1935*, PW, p. 53 [LP, p. 40-41].

ces masques : la technique, la forme tectonique, le principe de construction – au fond, la force constructrice et créatrice, celle qui prend sa source au principe d'attraction universelle que le « matérialisme anthropologique » souhaite appliquer aux relations entre les hommes. De 1830 à 1848, alors que les éléments rationalistes et organisateurs du parti communiste ont pris l'avantage, au sein du mouvement social, sur le pathos romantique de la bohème et des conspirateurs, alors que les utopies socialistes prennent une tournure « réactionnaire », la sphère privée récupère certains éléments de ce romantisme pour se protéger de la violence du monde moderne. La bourgeoisie se blottit dans « l'intérieur » pour s'abriter des assauts du socialisme, eux-mêmes mus par un « principe mécanique » ou « tectonique » mis en œuvre dans l'industrie et que le matérialisme anthropologique aurait aimé appliquer à l'homme comme la gravitation universelle. Usage privé de l'utopie : de ce mouvement de fuite loin du vacarme des machines et des plaintes des ouvriers naissent les fantasmagories de l'intérieur, faites de rideaux de velours, d'objets quotidiens tout en peluche, d'étuis de protection et de collections précieuses.

La fantasmagorie de l'intérieur caractérise d'abord ce petit monde exotique du bourgeois pendant la monarchie de Juillet. Dès 1830, tout se passe comme si le pathos romantique qui accompagne les mouvements sociaux se reporte, en miniature, dans l'intérieur bourgeois. Le monde rêvé ne se veut plus public et collectif, mais privé et destiné au seul particulier. De plus, loin d'un pathos qui cherche maladroitement et parfois avec ambiguïté à nommer les espoirs obscurs d'une classe alors sans droit, cet univers constitue une pure et simple fuite devant les souffrances ouvrières et la menace d'une révolte. Plutôt que d'exprimer les espoirs nés d'une désolation devant la réalité crue, il dénie cette réalité, ce qui permet à la désolation de suivre son cours. Autrement dit, la fantasmagorie de l'intérieur occulte, protège et permet la reproduction de l'ordre social dominant. Elle répond adéquatement à la structure du capitalisme naissant, comme en « affinité élective » avec lui. Tout en le stimulant par certains côtés (comme la production et le commerce des « calicots »), elle assume la fonction idéologique de voiler et reproduire la force des choses. Elle convoque pour ce faire une imagerie peuplée d'êtres sacrés et de rituels magiques dans laquelle surgissent certains traits utopiques d'une société harmonieuse, mais qui n'a qu'une fonction de compensation passagère des violences de la ville industrielle. Benjamin essaye de récupérer ces traits utopiques pour les replacer dans le contexte révolutionnaire du « matérialisme anthropologique ».

l'éveil dans la hotte du chiffonnier

Le modern style est « la première tentative de se confronter avec l'air libre », qui, malgré son aspect fantasmagorique, apporte un peu d'oxygène au collectif. Comment ? Par la mise en œuvre du principe de construction, l'application moderne du fer et du verre. Il s'agit de sa « ligne d'émancipation ». Mais « seule la révolution introduit *définitivement* l'air libre dans la ville », écrit aussi Benjamin en pensant à Julien Sorel. Il ajoute : « Plein air des révolutions. La révolution désensorcelle la ville. » [1]

La thématique du modern style porte un potentiel révolutionnaire, mais se trouve finalement subsumée par celles du hiératisme et de la perversion. La ligne qui s'émancipe de l'intérieur reste enfermée « du point de vue de la philosophie de l'histoire », enclose dans une configuration mythologique. Si bien qu'en fin de compte, « le modern style, c'est rêver qu'on est éveillé » [2].

Les lieux de l'éveil, comme ceux des formes tectoniques, restent des îlots dans le rêve sur une mer de formes minérales et végétales. Benjamin rapporte une histoire de Bierce qui raconte l'aventure psychique d'un homme que l'on pend et qui, à l'instant de sa mort, vit la fuite qui l'arrache à ses bourreaux. Cette expérience « magnétopathique », grandiose retournement de la conscience devant la mort, correspond à l'éphémère expérience du décapité : « la tête est ici, sous l'échafaud, et elle croit se trouver encore au-dessus, faisant

---

1. PW, p. 531-532 (M3,3) [LP, p. 440]. Nous soulignons.
2. PW, p. 496 (K2,6) [LP, p. 410, trad. modifiée].

partie du corps et attendant toujours le coup qui doit la séparer du tronc. »[1]

Le modern style est l'expérience « magnétopathique » de la bourgeoisie, similaire au rêve de celui qui, voulant dormir encore, rêve qu'il se lève. Jusqu'à ce que sonne un réveil strident. « C'est un rêve de ce genre que fit la bourgeoisie à l'époque du modern style, quinze ans avant que l'histoire ne la réveille [*wecken*] en grondant. »[2] Avec la guerre de 1914, mais il était déjà trop tard.

Comme l'avait vu Freud, le rêve institue la ruse du sommeil : pour pouvoir continuer à dormir, il faut intégrer les bruits extérieurs, comme les coups que l'on donne à la porte ou la sonnette qui rugit, dans le rêve que l'on est en train de faire. Il en va de même dans le fantasme du psychotique ou du névrosé, qui intègre des éléments de la réalité. La fantasmagorie correspond à ce moment où l'on commence à prendre conscience d'une réalité douloureuse et où l'on finit par l'affronter dans l'imaginaire. L'éveil qui pourrait interrompre le rêve se retourne en rêve profond qui succède à un bref éveil.

Benjamin souhaite, lui, dévoiler les conditions de vie de la masse au XIXe siècle au sein même du « rêve » qu'elle fait, et faire de l'« éveil » (*Erwachen*)[3] le lieu de son interprétation. Il veut être l'analyste du collectif.

une superstructure onirique

« Chaque époque rêve la suivante ». Benjamin a placé cette phrase de Michelet en exergue de la section sur Fourier et l'utopie de l'*Exposé de 1935*. Dans leur correspondance, Adorno assimile cette phrase à une mauvaise définition de l'image dialectique, et critique la conception de l'inconscient collectif de Benjamin[4]. Que lui reproche-t-il ? Résumons. « Chaque époque rêve la suivante » voudrait dire (pour Adorno) : la réalité d'une époque concrétise le rêve de l'époque

---

1. A. J. Wiertz, *Œuvres littéraires*, Paris, 1870, cité *in* PW, p. 496 (K2a, 2) [LP, p. 410].
2. PW, p. 684 (S4a, 1) [LP, p. 567, trad. modifiée].
3. PW, p. 495-496 (K2,5) [LP, p. 409-410].
4. *Corr. A-B*, p. 170 *sq.*

précédente [1]. L'Arcadie que l'on rêve aujourd'hui serait donc le monde de nos enfants. En concevant la réalité de chaque époque comme le rêve de l'époque passée, Benjamin risque de tomber dans une vision téléologique, positiviste, voire magique, de l'histoire. De plus, il manque de médiation, de négativité et de matérialisme. 1) *Médiation.* On ne peut rapporter ainsi psychologie et société, surtout d'une manière aussi affirmative. Le terme médian se nomme : fétichisme de la marchandise. Ce n'est en effet pas la famille qui fait le lien entre psychologie et société, mais le fétichisme de la marchandise, l'identification à la valeur d'échange. Adorno reproche à Benjamin d'avoir oublié cela. 2) *Négativité.* Du coup, l'équation n'est pas seulement rêve d'aujourd'hui-réalité de demain, mais aussi réalité d'aujourd'hui-fétichisme d'aujourd'hui-rêve d'aujourd'hui à propos de demain. Pour le dire dans l'ordre d'une sorte de phénoménologie de la conscience onirique : 1. Des contradictions sociales précèdent le fétichisme. 2. Le fétichisme crée une surface de projection investie par le désir, mais aussi par l'angoisse. 3. Le rêve qui subit le fétichisme et les contradictions sociales contient alors des éléments infernaux. 3) *Matérialisme.* La réalité, donc, détermine aussi le rêve. En comprenant la réalité d'une époque comme la réalisation d'une idée d'un sujet collectif passé, Benjamin risque de sombrer dans l'idéalisme, avec les images archaïques de Jung et Klages, où les idées mythiques incarnent la « raison dans l'histoire ».

Comment Benjamin reçoit-il ces reproches ? Quelque peu agacé, il ne répond pas directement à Adorno [2]. Se sentant mal compris même s'il trouve la discussion justifiée – parce qu'il n'a en effet pas explicitement articulé psychologie et société – il cherche la « médiation » en Gretel Adorno, auprès de qui il plaide en ces mots :

---

1. Miguel Abensour a déjà commenté avec perspicacité la polémique avec Adorno sur ce problème dans Miguel Abensour, *L'utopie de Thomas More à Walter Benjamin*, Paris, Sens et tonka, 2000.

2. Pourtant Benjamin n'est pas en désaccord avec Adorno. Il recopie même sa définition de l'image dialectique. Lettre d'Adorno du 5 août 1935, citée *in* PW, p. 582 (N5,2) [LP, p. 483, trad. de Philippe Ivernel reprise à *Corr. A-B*, p. 170].

Autant il m'apparaît pertinent de déterminer avec W. Adorno l'image dialectique comme "constellation", autant certains éléments de cette constellation signalés par moi me semblent néanmoins inaliénables : ce sont les figures oniriques. *L'image dialectique ne recopie pas le rêve ; je n'ai jamais voulu affirmer cela.* Mais elle me semble bien contenir les instances de l'éveil, son lieu d'irruption, et même *ne produire sa figure qu'à partir de ces lieux*, tout comme une constellation céleste le fait de ses points de lumière. Donc ici encore un nouvel arc demande à être tendu, et maîtrisée, une dialectique : celle entre l'image et l'éveil [1].

L'image dialectique (l'interprétation) ne recopie pas le rêve, puisqu'elle contient aussi l'éveil en elle. L'éveil sollicite une poursuite en justice du rêve auprès de l'image dialectique. Pour Adorno, l'image dialectique apparaît lorsque les objets ayant perdu leur valeur d'usage attirent les rêves et les angoisses des individus aliénés. Il n'y a donc pas de nécessité de l'éveil en elle. Pour Benjamin au contraire, s'il ne nie pas cette interprétation (qu'il recopie dans ses brouillons, mais comme une définition *partielle* de l'image dialectique), l'image dialectique montre aussi qu'il y a des figures oniriques « inaliénables » ainsi que des lieux d'éveil qui leur sont associés.

Au fond, Benjamin n'est pas en désaccord avec Adorno. Mais contrairement au futur philosophe de *Dialectique négative*, il cherche la place de l'éveil au sein du rêve, la trace du désir dans la vie onirique. Car c'est à partir des lieux du désir, là où l'éveil peut faire irruption au beau milieu du rêve, que prend forme l'image dialectique. Cela constitue d'ailleurs le programme de *Paris, capitale du XIXᵉ siècle* :

> Défricher des domaines où seule la folie, jusqu'ici, a crû en abondance. Avancer avec la hache aiguisée de la raison, et sans regarder ni à droite ni à gauche, pour ne pas succomber à l'horreur qui, du fond de la forêt vierge, cherche à vous séduire. Toute terre a dû un jour être défrichée par la raison, être débarrassée des broussailles du délire et du mythe. C'est ce que l'on veut faire ici pour la terre en friche du XIXᵉ siècle [2].

---

1. Lettre à Gretel Adorno du 16 août 1935, PW, p. 1137 [*Corr. A-B*, p. 174].
2. PW, p. 570-571 (N1,4) [PW, p. 473-474].

La critique de mythologèmes archaïques se prolonge dans son travail sur les passages. Sa lutte « théologique » contre les puissances mythiques équivaut à un combat politique contre le capitalisme qui les réactive (notamment par la technique). Mythe et modernité se réconcilient dans l'apparence onirique qui forme la vie quotidienne médiatisée et déréalisée par le fétichisme abstrait de la marchandise. Un imaginaire fondé sur la séduction l'emporte ainsi sur la réalité de l'usage, l'apparence sur l'essence, le symbole désiré sur l'objet. Le mythe matriarcal d'un Bachofen légitime bien plus le rêve lumineux d'une société sans classes qu'un obscur retour nostalgique d'un Klages, de Jung ou de l'irrationalisme nazi. Ce rêve vaut comme une critique de la société patriarcale présente. Il faut en construire historiquement l'image.

Adorno accuse Benjamin de prendre cette création marchande dans l'individu aliéné pour la transposer au collectif, mais il ne comprend pas l'idée d'éveil qui sous-tend une telle transposition. Les mythologèmes diffusés dans la culture moderne sont des symboles oniriques que Benjamin cherche à déchiffrer par une pensée matérialiste et psychanalytique en même temps. L'image mythique se trouve à la même place que le symptôme dans l'analyse freudienne. Il s'agit en quelque sorte de verbaliser l'inconscient du collectif, de faire éclater une résistance. L'image dialectique cherche à faire coïncider une situation historique concrète avec l'abstraction du langage qui d'habitude la fuit : la description physiognomonique d'un intérieur révèle le tourment de l'esprit collectif, et le mène au bord de la rupture.

L'image archaïque est à la fois le symptôme du malaise dans la civilisation et la projection du désir de le surmonter ; l'image dialectique va plus loin, elle verbalise figurativement (langue de transmission ou de traduction plus que de communication au sens d'Habermas) ce malaise et ce désir. Si l'image mythique s'éternise dans l'ambivalence, l'image dialectique séjourne dans les contradictions sociales. En elle, des traits apologétiques coexistent avec des traits utopiques, qui préfigurent « l'écart absolu ». La volonté politique du collectif actualisera l'utopique plutôt que l'archaïque.

la relation d'*expression* et le concept d'*origine*

Pourquoi semble-t-il que l'image dialectique *recopie* le rêve *sans médiation* ? Pourquoi Adorno a-t-il l'impression que Benjamin relie *directement* l'un et l'autre, la base et la superstructure, la société et la psychologie ? Comment Benjamin établit-il la relation de causalité entre les « bruits » du corps du collectif dans son sommeil, les éléments de l'infrastructure, et les éléments mythologiques du rêve qui les transforme ? Comment comprendre, chez lui, la relation entre l'infrastructure (économique) et la superstructure (onirique) ?

Benjamin cherche à conceptualiser une nouvelle relation entre l'infrastructure et la superstructure qui dépasse les écueils de la théorie marxiste qu'il juge « tantôt fanfaronne, tantôt scolastique »[1] dite du « reflet », mais qui ne correspond pas à celle des articulations passant par le procès global d'un Adorno. La superstructure ne désigne pas le reflet de l'infrastructure, réduisant arts et sciences au statut de simples euphémismes (fussent-ils sublimes) des contradictions sociales. Elle en constitue *l'expression*, ce qui change tout.

Un « bloc arraché » au travail de Benjamin sur les passages fournit un exemple d'analyse de la relation *d'expression* entre l'urbanisme et la fantasmagorie. Il s'agit de son essai sur *Le Paris du Second Empire chez Baudelaire*, de 1938, qui se veut le modèle du *Livre des passages*, et qui après s'en être nourri, nourrit lui-même la quatrième section de l'exposé « Baudelaire ou les rues de Paris ». Benjamin semble mettre là directement en relation, sans l'expliquer, le mode de vie bohème avec le caractère réactionnaire du Second Empire. Lequel cause l'autre ?

Le parfum de nostalgie distillé par la magie du « monde en miniature » du flâneur (superstructure) a tout l'air d'être *la même chose* que la grisaille du despotisme napoléonien (infrastructure). Dans l'ennui rendu obligatoire par l'Empire, le chroniqueur et philosophe de cette ville rêvée qu'est le passage y cultive son intérieur tel une alcôve. Mais le monde du flâneur pourrait aussi être un *complément* au monde impérial. L'extérieur aménage son intérieur

---

1. PW, p. 581 (N4a, 2) [LP, p. 482].

orientalisant, et accompagne ainsi la gentrification (avant la lettre) provoquée par l'haussmannisation de Paris. Cultivant la poésie mystique à côté de l'utilitarisme marchand comme l'herbe sur le bitume, le monde du flâneur renvoie au « caractère empire » et réactionnaire du phalanstère fouriériste utopique.

Quelle est donc la relation de causalité entre ce « monde en miniature » et Paris haussmannisé? Entre la flânerie et l'étroitesse des trottoirs? Entre le comportement de la bohème et le régime du Second Empire? Entre le phalanstère et la civilisation mécanique?

Pour Adorno, cette « pure factualité » a quelque chose d'ingénu et, un peu comme l'image dialectique succombe à la mythologie, « l'énumération matérielle prend un pouvoir d'illumination presque superstitieux ». Adorno reproche à Benjamin le manque de rigueur dans ses articulations[1]. Il l'accuse cette fois encore de vouloir être trop fidèle, par ses « dispositions ascétiques », à un matérialisme vulgaire, non dialectique (Adorno vise ici le marxisme « massif » de Brecht), et de manquer ainsi la médiation du procès global, pour tomber dans un romantisme « brutal ».

Et les reproches fusent. L'étroitesse des trottoirs symbolise peut-être la relation du flâneur à Haussmann et de la fantasmagorie au monde capitaliste, mais Benjamin ne théorise pas clairement la génération économique de la fantasmagorie. Faute de médiations, on ne voit pas comment le flâneur se retrouve complice d'Haussmann. Cela ne serait que maladresse, romantisme et anthropologie naïve. Considérer ces phénomènes dans leur immédiateté revient à ignorer qu'ils résultent d'un processus de production et du fétichisme. Benjamin retombe dans la magie, ou dans le positivisme. Son étonnement n'est plus philosophique ni matérialiste, mais simplement factice. Adorno n'est pas tendre avec son ancien « maître ».

Benjamin lui répond d'abord qu'il ne s'agit pas de questionner une fidélité aveugle au matérialisme dialectique. *Nous* sommes questionnés, dit-il. Par quoi? Par « les expériences que nous tous

---

1. Lettre d'Adorno du 17 décembre 1934, PW, p. 1109 [*Corr. A-B*, p. 117]; lettre d'Adorno du 20 mai 1935, *Br. A-B*, p. 111 et 113 [*Corr. A-B*, p. 133 et 135]; lettre d'Adorno du 2 avril 1935, *Br. A-B*, p. 139 [*Corr. A-B*, p. 157-158].

avons faites ces quinze dernières années » (1923-1938). Quelles
sont-elles ? Il s'agit principalement des crises du capitalisme économique
et de la démocratie représentative, des errements du communisme,
de la montée du fascisme, de la destruction des passages couverts de
Paris, de l'expansion des médias de masse et de la réponse explosive
du surréalisme : « changer la vie, transformer le monde ». Cette
expérience concrètement vécue – et non pas la spéculation – prépare
l'interprétation de Baudelaire et du flâneur. Benjamin exige de
s'éveiller du rêve du XIX e siècle qui tourne, pour le XX e, au cauchemar.

Adorno ne comprend pas la méthode de Benjamin. Il croit qu'un
poème de Baudelaire, l'*Âme du vin*, se déduit d'une situation
économique, l'impôt sur le vin. Il ne s'agit cependant pas d'une
relation de cause à effet, mais d'un contexte « philologique », comme
dit Benjamin, qui donne un sens particulier à ce mot. En l'occurrence,
le poème ne dépend pas de l'impôt, mais de l'ivresse baudelairienne,
qui elle-même a à voir avec l'expérience de son temps. Benjamin
souligne :

> Si vous faites retour à tels autres de mes travaux, vous trouverez que la
> critique de l'attitude du philologue est chez moi un vieux souci et qu'elle
> est intimement identique à la critique du mythe. Elle provoque à chaque
> fois l'opération philologique elle-même. Elle porte, pour parler le langage
> des *Affinités électives*, sur la mise au jour de la teneur objectale dans
> laquelle la teneur de vérité est historiquement obtenue par effeuillage [1].

Après avoir opposé la « marque historico-sociologique » de son
travail à sa prétendue métaphysique, après avoir opposé la dialectique
du rêve et du réveil (*Wachen, Erweckung*), c'est-à-dire la dialectique
de « l'éveil » (*Erwachen*), à l'image archaïque, Benjamin oppose
maintenant l'attitude philologique (qui procède par « effeuillage
historique ») à l'accusation d'immédiateté romantique. « L'exposition
de la pure factualité » qui caractérise l'attitude philologique définit
le dépassement de la fascination philologique elle-même, et la dégage

---

1. Lettre à Adorno du 9 décembre 1938, *Br. A-B*, p. 379-381 [*Corr. A-B*,
p. 371-373].

du mythe auquel elle s'était volontairement fixée (« opération philologique »).

Qu'est-ce qui répond alors aux exigences du matérialisme ? Moins une ascèse qu'une méthode : terme à terme, de détail en détail, l'objet devient lui-même une monade qui reflète le monde alentour, et le poème sur le vin révèle comme la flânerie ce que signifie l'ivresse pour la bohème sous le Second Empire bitumant Paris. La philologie en libère, tel l'oxygène libérant la flamme, la signification.

Les phénomènes ne doivent pas être pris froidement, mais au contraire avec étonnement, un peu comme si une table se mettait devant nous à danser. Il s'agit du mystère de la fantasmagorie comme spectacle, chosification et image que la société donne d'elle-même. Avant de percer ce mystère, il faut en cerner les contours. Mieux que de le percer d'ailleurs, il faut lui rendre justice. Après s'être étonné, sous le charme des rapports factuels entre mythe, dialectique et image, il convient de s'arracher à l'étonnement et de prendre pour objet cet étonnement lui-même devant le mythe et ses rapports. Ce retournement dialectique, celui de la prise de conscience de l'origine socio-historique des phénomènes, celui de la mise à l'arrêt du mouvement entre le plus ancien et le plus nouveau, celui de l'apparition du poste historique de l'observateur – celui de l'éveil – assure l'opération philologique.

Effectivement, il n'y a pas de médiation chez Benjamin, mais c'est un choix méthodologique : la spéculation risquerait de devenir ésotérique là où le matériau, bien monté, parle de lui-même. La pure factualité devient plus parlante, si l'on sait s'y prendre avec elle, qu'une longue interprétation. Elle l'amorce d'ailleurs en un instant. Le contexte philologique – celui, donc, de la « pure factualité » – associe avec étonnement un poème sur le vin avec l'impôt sur le vin. Apparaît alors le début d'une interprétation qui prend pour objet cet étonnement : quel est, dans la situation historico-sociale de l'imposition du vin, le sens littéraire de l'ivresse ? En quoi *s'originent*-ils tous deux ? À quel endroit l'ivresse *exprime-t-elle* la taxe impériale ? Qu'exprime-t-elle d'*autre* ? Peut-être est-ce l'expérience de l'ivresse (dont Benjamin parle ailleurs) qui est à l'origine de la déclaration des Droits de l'homme et du citoyen ?

Adorno refuse l'unilinéarité du marxisme vulgaire qui (inspiré d'Engels) voudrait que la structure *cause* la superstructure. Il demande des médiations entre les deux. Mais nous l'avons vu, Benjamin soutient que la superstructure *exprime* la structure, sous-entendant que l'une et l'autre pourraient bien être contemporaines au départ, immédiates l'une à l'autre[1].

Benjamin renvoie Adorno à son essai sur les *Affinités électives*. Dans ce texte, les phénomènes véritables, durables, féconds, authentiquement historiques, sont ceux dont la « vérité » gît dans la « teneur factuelle »[2]. Tandis que les faits dépérissent et se renouvellent, la vérité, elle, reste intacte. « Factualité » et « vérité » d'un phénomène sont à l'origine intimement liés. Mais au cours du temps, la factualité prend place partout, empêchant que la vérité soit visible. La factualité devient le masque obligatoire à partir duquel on peut déceler la vérité. Il ne s'agit pas là d'une division entre une essence à retrouver et une apparence à liquider ; sans « l'apparence » (la factualité), impossible de saisir « l'essence » (la vérité). L'une se veut indispensable à l'autre, elles constituent les deux faces d'un même phénomène dont l'origine réside dans le secret de leur union. L'une ne se déduit pas non plus de l'autre ; elles naissent ensemble dans le tourbillon de l'origine que l'on peut retrouver seulement en fixant la « factualité » jusqu'à y deviner son union créatrice avec la vérité. Benjamin poursuit, dans les passages couverts de Paris, cette origine – comme il l'avait fait, une dizaine d'années plus tôt, pour le drame baroque allemand (*Trauerspiel*).

La voici donc, « l'attitude philologique » : celle du commentateur qui, d'abord fasciné par la teneur factuelle (objectale) d'un texte, aperçoit soudain le texte secret qu'il découvrait. Plus exactement, le philologue, fasciné par la combustion, regarde *en même temps* la

---

1. Giorgio Agamben a bien résumé les termes philosophiques de ce débat épistolaire, qui résulte dans la conception de la structure et de la superstructure en termes de cause et d'effet et que Benjamin récuse. Giorgio Agamben, « Le prince et le crapaud. Le problème de la méthode chez Adorno et Benjamin », dans *Enfance et histoire*, Paris, Payot, 2002, p. 187-215.

2. Walter Benjamin, *Les affinités électives de Goethe*, I, p. 125-126 [I, p. 274-275].

flamme et le bûcher, et parvient à dissocier l'un et l'autre dans le temps (la teneur de vérité et la teneur objectale). Il importe ici que factualité et vérité soient à l'origine indissociables. L'objet qui fait face au philologue doit rester énigmatique dans cette *originarité*, reliant *immédiatement* – on ne sait par quel mystère, celui de la vie peut-être – la factualité et la vérité, le bûcher et la flamme, le hiéroglyphe et le texte, le poème et l'impôt, l'utopie et la société, la superstructure et l'infrastructure.

Ne nous y trompons pas : du point de vue « historico-sociologique » des passages, l'infrastructure (ou société) ne représente pas plus la vérité de la superstructure (ou utopie) que l'inverse, au sens où l'une découlerait de l'autre. L'origine est une union de la factualité et de la vérité qui a engendré impôt et poème qui se sont peu à peu séparés sous cette forme (et on ne pouvait *par définition* pas les distinguer à l'origine – le processus historique seul les sépare). Ce n'est qu'après coup, loin de l'origine, que la factualité *exprime* la vérité, que les cendres *expriment* la flamme, que le texte *exprime* le parchemin, que le poème *exprime* l'impôt et que l'utopie *exprime* la société. La superstructure exprime historiquement l'infrastructure parce qu'*à l'origine* la superstructure *est* l'infrastructure. Il n'y a ici ni causalité, ni médiation, ni procès global, ni travail du négatif, ni dialectique au sens courant. Il y a, comme Adorno l'avait pressenti, *immédiateté anthropologique*, ambiguïté originelle de la praxis.

Benjamin s'enfonce dangereusement dans le rêve, le rêve des fantasmagories de l'intérieur, du marché et de l'histoire avec leurs masques historicisants, orientalisants, esthétisants, indiciaires, naturalisants, antiques, cosmiques et mythologiques, qui voilent les désirs originaires qu'ils « expriment » pourtant en même temps. Une « expression » de l'économie à deux sens du terme : « expression » du désir du corps contenu, aliéné, bafoué au travail ; et du fétichisme de la marchandise. D'un principe mécanique potentiellement à la base d'une « machinerie humaine » harmonieuse à la Fourier ; et aussi d'une domination du capital sur le travail, de l'échangisme sur la créativité véritable. Il faut alors détacher l'expression du voile, ou plus exactement reconnaître dans le voile un mystère qui rend justice, à sa manière, à ces désirs, qu'un dévoilement abrupt, trop rationnel, trop « marxiste », aurait fait disparaître. Il ne s'agit pas seulement de découvrir un mouvement rationnel derrière ses masques irrationnels, mais aussi de saisir le noyau de rationalité *sur* ce masque, la légitimité d'un espoir, pour l'amener au lieu le plus irrationnel dans le rationnel, derrière le masque, là où l'économie a priori rationnelle se fait destructrice de la nature et de l'humanité. Il faut rendre justice à chaque objet, à chaque masque.

C'est d'abord et avant tout ainsi que Benjamin entend combattre la conception linéaire du temps *y compris chez les marxistes*, qui, bien que dialecticiens, pensent encore trop en termes de cause et d'effet [1]. Benjamin cherche à épurer la dialectique de ce reste de temporalité homogène et vide, une temporalité abstraite imposée au monde empirique, et qu'Adorno veut peut-être imposer à Benjamin avec son idée de « procès global ». Ni ce « procès global », ni « la bonne théorie spéculative » ne fournit la perspective de l'analyse, mais « notre propre expérience historique », ici et maintenant, immédiatement, dans la pratique – et avant que ne se séparent structure et superstructure. La recherche de l'origine, qui instaure le lieu où société et utopie n'étaient pas encore séparées dans l'action, ne se fait qu'à partir du mouvement originaire, celui de l'expérience historique concrète où théorie et action, rêve et éveil, ne sont pas encore séparés, lieu créatif du matérialisme anthropologique.

Plus tard, il y aura interprétation dans le rêve, et explication dans l'éveil.

contre le mythe

Cette thématique du rapport socio-historique apparemment sans médiation entre le rêve et la structure sociale, et que résume le concept

---

1. Et aussi Heidegger qui, selon un schéma hypothético-déductif, « déduit » encore l'*étant* de l'*être*, alors que Benjamin ne « déduit » pas plus la superstructure de l'infrastructure (dans les termes matérialistes d'après 1924) que les « phénomènes » des « idées » (dans les termes qu'il juge « idéalistes » d'avant 1924) ou que la « forme » du « contenu ». Les deux termes opposés sont dans une relation dynamique, dialectique ; l'un ne peut apparaître sans l'autre, et, dans les termes de la « Préface épistémo-critique » de l'*Origine du drame baroque allemand*, les « idées » sauvent les « phénomènes » comme les « phénomènes » présentent les « idées », simultanément.

d'image dialectique, est l'objet, on l'a vu, de plusieurs débats épistolaires avec Adorno. Cette polémique est de telle envergure qu'elle dépasse largement la conversation critique entre les deux hommes. Le concept d'image et la relation avec la psychanalyse font partie des « questions essentielles de la dialectique matérialiste »[1] et sont éminemment problématiques pour Max Horkheimer, Friedrich Pollock et l'ensemble de l'Institut de recherches sociales. La correspondance laisse voir à quel point le problème est central et met en jeu la position de Benjamin au sein de l'École de Francfort.

Dans le problème de l'image se loge en effet celui de l'inconscient collectif et celui, plus traditionnel, du rapport entre les structures sociales et les mentalités collectives. Jung incarne l'adversaire principal, qui propose des « images archaïques » d'un inconscient collectif non problématisé en termes historiques. Il faut lui opposer l'« image dialectique », qui figure les tensions entre les conditions objectives d'un collectif et ses aspirations subjectives. Benjamin écrit à Gershom Scholem qu'une telle œuvre « démoniaque » doit être combattue non pas par la rationalité des Lumières, mais par sa propre « magie blanche »[2]. Il n'utilise pas cependant, pour pratiquer cette « magie blanche », *Les vases communicants* d'André Breton, comme Adorno le lui a conseillé. Mais, dans quelques notes, c'est plutôt la méthode « paranoïaque-critique » de Dali que Benjamin remarque. Il la mentionne précisément à propos du modern style.

Pour Dali, la Barcelone de Gaudi symbolise le « simulacre » qui a pour fonction principale d'être révolutionnaire. Benjamin recopie ce passage :

> […] peut-être aucun simulacre n'a-t-il créé des ensembles auxquels le mot *idéal* convienne plus exactement que le grand simulacre qui constitue la bouleversante architecture ornementale du Modern Style. Aucun effort collectif n'est arrivé à créer un monde de rêve aussi pur et aussi troublant que ces bâtiments modern style, lesquels, en marge de l'architecture, constituent à eux seuls de vraies réalisations de désirs

---

1. Lettre d'Adorno du 6 novembre 1934, *Br. A-B*, p. 73 [*Corr. A-B*, p. 100].
2. Lettre à Scholem du 5 août 1937, PW, p. 1162 [*Corr. 2*, p. 225].

solidifiés, où le plus violent et le plus cruel automatisme trahit douloureusement la haine de la réalité et le besoin de refuge dans un monde idéal, à la manière de ce qui se passe dans une névrose d'enfance. [...] Voilà ce que nous [les surréalistes] pouvons aimer encore, le bloc imposant de ces bâtiments délirants et froids épars par toute l'Europe, méprisés et négligés par les anthologies et les études[1].

La Barcelone de Gaudi constitue un simulacre qui réalise un *idéal* que doit adorer et soutenir tout surréaliste digne de ce nom. Pourquoi? Parce que la pullulation de tels « idéaux-simulacres » peut, de manière surréaliste, ruiner la réalité. Le modern style a pour fonction de « systématiser la confusion », activité hautement révolutionnaire pour Dali. Cela revient à se battre contre toutes les « morales » par ce que le peintre appelle une *activité démoralisante*, pour qu'elle évoque, contre tous les « idéaux » de faussaires, *l'idéal* véritable, par-delà le bien et le mal pour ainsi dire[2]. Et cela ne peut se faire que par une « volonté violemment paranoïaque ».

L'activité paranoïaque prônée par Dali, distincte mais complémentaire de la passivité hallucinatoire des surréalistes, doit créer, par un dérèglement mental, un simulacre susceptible de discréditer totalement la réalité et de révéler cet idéal véritable. Ainsi, les bâtiments du modern style forment des simulacres représentatifs de l'idéal qui discréditent la brutalité du monde industriel des années trente et préparent la place pour un monde nouveau.

Symbole de la dernière fantasmagorie de l'intérieur pour Benjamin, le modern style cristallise, selon Dali, désirs et utopies sur le mode paranoïaque et révolutionnaire. Dali note qu'il figure un monde idéal dans lequel l'époque peut se réfugier « comme dans une névrose d'enfance ». Le peintre engage à la manière surréaliste sa conquête de l'irrationnel par des images qui ne peuvent trouver leur place dans la logique normale de l'intuition, et souhaite que l'irrationalité concrète, névrotique et enfantine créée par le sujet concret irrationnel

---

1. Salvador Dali, « L'âne pourri », dans *Le surréalisme et la révolution* n° 1, Paris, 1930, cité *in* PW, p. 680 (S2,5) [LP, p. 564] et *in* PW, p. 680 (S2a, 1) [LP, p. 564].

2. Pour tous ces développements, *cf.* Salvador Dali, « L'âne pourri », dans *Le surréalisme et la révolution* n° 1, Paris, 1930, p. 9 *sq.*

soit de la même consistance que la réalité phénoménale. En somme, le monde du délire des simulacres doit, à la faveur de l'idée obsédante de l'activité paranoïaque, passer sur le plan de la réalité. Et cela parce que tout simulacre recèle pour Dali « l'image du désir », la « *désirée* « terre de trésors » », « le réveil des âges d'or ». En ruinant la réalité, le simulacre conduit chez Dali au désir de l'idéal et au lieu de l'utopie. La dernière fantasmagorie de l'intérieur de Benjamin serait une architecture utopique susceptible de transformer le monde.

Qu'est-ce qui peut gêner Benjamin dans cette approche du modern style ? Cette lecture de l'utopie demeure, comme le revendique d'ailleurs Dali, fondamentalement idéaliste : phénomène de la conscience, la paranoïa crée le simulacre, à la violence duquel la réalité doit se plier, pour laisser place à l'utopie sur le plan de la réalité nouvelle. Ainsi – pour paraphraser Marx – ce n'est pas l'existence sociale qui détermine la conscience, mais au contraire la conscience paranoïaque qui, après avoir introduit la confusion dans la réalité, détermine l'existence utopique. Par le biais de la conscience paranoïaque, l'utopie à laquelle le simulacre de Gaudi donne forme a une fonction sociale distordante, désintégrative et subversive[1]. La fonction sociale de ce simulacre consiste pour Dali dans une crise de conscience qui doit précipiter la révolution. L'artiste avance que les images de rêves libérées par le simulacre modern style anticipent sur le régime ontique suivant, un régime post-révolutionnaire.

Voilà un mauvais travail « historico-sociologique » pour Benjamin. La « vraie signification de l'utopie » réside certes en « un précipité de rêves collectifs »[2] – métaphore chimique de première importance que Benjamin utilise et réutilisera. Au fond du simulacre – qu'il

---

1. L'idéologie et l'utopie étant deux consciences non-congruentes à la réalité (« fausses consciences ») qui se différencient par leurs fonctions sociales : l'idéologie a pour fonction de conserver et de reproduire la réalité ; l'utopie a pour fonction de la subvertir et de la transformer. D'après Mannheim, l'imagination utopique est distordante et *subversive*, la pensée idéologique distordante et *intégrative*. On verra que l'originalité de Benjamin est de considérer que l'utopie, sans se muer en idéologie pour autant, peut elle aussi avoir une fonction d'intégration de la réalité. Karl Mannheim, *Idéologie et utopie*, Paris, Editions de la Maison des sciences de l'homme, 2006, p. 157-172.

2. *Notes pour l'exposé de 1935*, PW, p. 1212 [LP, p. 892].

appelle, lui, fantasmagorie – gît certes l'utopie comme un cristal à découvrir. L'utopie n'accomplit donc pas, comme chez Karl Mannheim, un « projet politique » opposé à l'idéologie, mais plutôt, comme l'écrit aussi Ernst Bloch à la même époque, « l'obscurité de l'instant vécu » à la source de notre capacité imaginative [1]. Mais cela ne veut pas dire pour autant que la fonction sociale du simulacre – ou de la fantasmagorie – est *forcément* révolutionnaire. Tout ce qui fuit porte la marque de ce qui est fui : le modern style porte la marque de la société industrielle qu'il fuit. Mieux : sa fuite hors de cette société (dans les ornementations) reste de surface, alors qu'en profondeur (dans l'usage des nouveaux matériaux), elle la confirme. Sa fuite s'apparente à une hallucination permettant à la réalité de suivre son cours normalement. Elle figure des espoirs qui, figés dans une éternité naturelle, ne restent qu'abstraits. Comme nous l'avons vu, la ligne concrète de l'émancipation se trouve, dans le modern style, écrasée par celle, abstraite, d'un hiératisme pervers.

Benjamin note, à propos du modern style, qu'il existe une « fonction hallucinatoire des architectures » [2]. On pourrait en dire autant de toute fantasmagorie. Le modern style ne forme pas une utopie, mais bien une fantasmagorie, qui contient des traits tectoniques émancipatoires. Non loin du lieu du désir, l'utopie n'est pas la forme articulée d'un désir collectif (l'écriture d'un projet politique par exemple), mais un contenu qui peut prendre différentes formes, et où l'hallucination se mêle à l'émancipation [3]. Cette fantasmagorie qui in-forme l'utopie, il faut l'aborder, pour Benjamin, du point de vue de « l'historien matérialiste », comme forme délirante d'un contenu singulier de l'histoire. Il faut donc abandonner le point de vue naïf, rhapsodique, aux mythologèmes informes, des surréalistes. C'est une obsession chez Benjamin :

---

1. *Cf.* Karl Mannheim, *Idéologie et utopie*, p. 167-168 et Ernst Bloch, *L'esprit de l'utopie, op. cit.*, p. 201-275. Benjamin utilise l'expression « obscurité de l'instant vécu », PW, p. 497 (K2a, 4) [LP, p. 411] et cite Bloch dans le fragment suivant par exemple.

2. *Notes pour l'exposé de 1935*, PW, p. 1214 [LP, p. 894].

3. « Utopiques » ou « idéologiques » du point de vue de la *fonction*.

Tandis qu'Aragon persiste dans le domaine du rêve, ici doit être trouvée la constellation du réveil. Tandis que chez Aragon un élément impressionniste demeure – la "mythologie" – et que cet impressionnisme doit être considéré comme responsable de nombreux philosophèmes informes du livre, il s'agit ici de la dissolution de la "mythologie" dans l'espace de l'histoire. Cela ne peut se faire, il est vrai, que par le réveil d'un savoir non encore conscient de ce qui est passé [1].

Ou encore :

Opposition avec Aragon : rattacher tout cela à la dialectique de l'éveil au lieu de se laisser endormir dans le "rêve" ou dans la "mythologie" [2].

Ce que le philosophe dit d'Aragon, il aurait pu le dire de Dali, et il le pense – parfois d'ailleurs injustement [3] – de tous les surréalistes, comme s'il s'agissait d'un démon à lui qu'il devait par eux exorciser. Il ne suffit pas, comme chez Dali, de réveiller l'utopie par des simulacres. Comme l'a écrit Marx que recopiait Benjamin, il faut en quelque sorte *se réveiller de quelque chose pour s'éveiller à l'utopie*. De quoi ? Précisément des simulacres, ou fantasmagories, dans lesquelles elle se trouve enfermée, et qu'il faut dissoudre sans les oublier.

En 1935, Benjamin fréquente les réunions du groupe *Contre-Attaque*, fusion du groupe d'André Breton et de celui de Georges Bataille. Il est ensuite assidu aux séances du *Collège de sociologie*, émanation plus académique du groupe secret d'*Acéphale*, formé autour de Bataille après sa rupture avec Breton. « Déconcerté par l'ambiguïté a-théologique "acéphalienne" », Benjamin leur objecte que « la surenchère métaphysique et politique de l'incommunicable » a, en jouant sur les contradictions de la société capitaliste industrielle allemande, préparé le terrain psychique du nazisme. Georg Lukàcs a bien montré selon lui les dangers d'un « esthétisme préfascisant » sur la pente duquel il voulait retenir le *Collège de sociologie*. Cela

---

1. PW, p. 571-572 (N1,9) [LP, p. 474, trad. modifiée]. Le « savoir non encore conscient » correspond bien évidemment à l'esprit de l'utopie.

2. *Notes pour l'exposé de 1935*, PW, p. 1214 [LP, p. 893].

3. A ce sujet voir Michaël Löwy, « Walter Benjamin et le surréalisme. Histoire d'un enchantement révolutionnaire », *Europe*, n° 804, *op. cit.*, p. 79-90.

forme un point de désaccord fondamental entre lui et le *Collège*, ou encore avec les surréalistes : il lui faut se tenir à l'écart de toute mythologie, mais aussi d'un rationalisme progressiste tout aussi illusoire. Il convient de « dissoudre la mythologie dans l'espace de l'histoire ». Pour les membres du *Collège de sociologie*, le « fond le plus authentique » de Benjamin résidait dans sa vision personnelle d'un renouveau « phalanstérien » selon un « ésotérisme » à la fois « érotique » et « artisanal » soutenu par des catégories marxistes. Selon le témoignage de Klossowski :

> La mise en commun des moyens de production permettrait de substituer aux classes sociales abolies une redistribution de la société en classes affectives. Une production industrielle affranchie, au lieu d'asservir l'affectivité, en épanouirait les formes et en organiserait les échanges ; en ce sens que le travail se ferait le complice des convoitises, cessant d'en être la compensation punitive [1].

Chez Marx lui-même, Benjamin décèle « une signification jusqu'à présent inconnue de l'ivresse pour la perception, de la fiction pour la pensée » [2], un peu comme si Fourier séjournait en puissance chez Marx. Il cherche à arracher cette force de l'ivresse du matérialisme anthropologique (auquel participent les surréalistes) mobilisée par les fantasmagories pour la rendre au mouvement social.

Les surréalistes ont selon lui bien vu qu'il faut « gagner à la révolution les forces de l'ivresse ». Mais ils ont « une conception trop courte, non dialectique, de la nature de l'ivresse. [...] Tout examen sérieux des dons et des phénomènes occultes, surréalistes, fantasmagoriques, présuppose un renversement dialectique auquel aucun cerveau romantique ne saurait se plier. » [3] Toute architecture hallucinante doit être analysée selon une méthode dialectique et

---

1. Pierre Klossowski, « Entre Marx et Fourier », *Le monde*, 31 mai 1969, supplément au n° 7582 (page spéciale consacrée à Walter Benjamin), cité *in* Denis Hollier, *Le collège de sociologie, op. cit.*, p. 883-884.

2. PW, p. 499 (K3,5) [LP, p. 412-413].

3. *Le surréalisme*, II, p. 307 [*Œuvres II*, p. 131].

matérialiste, et non pas romantique et idéaliste, sans perdre cependant « l'illumination profane » où transparaît l'utopie.

Il faut intégrer le matérialisme anthropologique au matérialisme historique, écrivait Benjamin à propos du mouvement social. La dialectique ne s'oppose pas au romantisme puisqu'elle forme elle-même, en tant que dialectique de la mythologie et de l'histoire, une dialectique du romantisme (potentiellement réactionnaire) et du marxisme (potentiellement métaphysique). Le renversement dialectique renvoie à la constellation de l'éveil, à la dissolution de la mythologie et du romantisme dans l'expérience historique, au retournement du rêve en éveil, et non l'inverse. C'est seulement au lieu de l'éveil que la précipitation des formes fantasmagoriques peut révéler le cristal de l'utopie.

dialectique de l'éveil

Dans la ville du XIXe siècle surgit un autre temps de rêve qui assoupit le collectif, comme si, tel une berceuse, le rêve provoquait le sommeil plutôt que l'inverse. Et de même que les gargouillis de son estomac deviennent pour le rêveur un dragon qu'il chevauche, pour le collectif endormi, le bruit de ses artères, muscles et viscères génère des images délirantes et oniriques. De même que le dormeur ne se réveille pas affamé mais fait cuire une pomme sous le feu apprivoisé de son dragon, les bruits du corps mécontent du collectif sont déformés et repris (« traduits » et « expliqués », écrit Walter Benjamin) par des images publicitaires, des gravures de mode, des architectures féériques et des aventures pseudo-politiques. Ce qui permet au rêveur de continuer à dormir. Or, Benjamin veut le réveiller et, psychanalyste du collectif, interpréter ses rêves au réveil. En cela, son travail se veut « un essai de technique de l'éveil », un va-et-vient permanent entre rêve et réveil, une mise en scène de la « révolution copernicienne, dialectique, de la remémoration [*das Eingedenken*] ».

> Balzac a parlé le premier des ruines de la bourgeoisie. Mais seul le surréalisme a permis de les voir librement. Le développement des forces productives ruina les symboles des aspirations du siècle précédent bien avant que les monuments qui les représentaient ne tombassent en ruine.

Au XIXe siècle ce développement a émancipé les formes plastiques de la tutelle de l'art, de même qu'au XVIe siècle les sciences se sont libérées de la philosophie. L'architecture montre la voie en devenant construction d'ingénieur. Vient ensuite la photographie comme reproduction de la nature. La création imaginaire se prépare à devenir pratique en mettant les arts graphiques au service de la publicité. La littérature se soumet au montage dans les pages littéraires des journaux. Tous ces produits ont l'intention de se présenter à titre de marchandises sur le marché. Mais ils hésitent encore sur le seuil. De cette époque datent les passages et les intérieurs, les halls d'exposition et les panoramas. Ce sont les résidus d'un monde de rêve. L'exploitation des éléments du rêve dans l'éveil [*Erwachen*] est le cas type de la pensée dialectique. C'est pourquoi la pensée dialectique est l'organe de l'éveil historique [*geschichtliches Aufwachen*]. Chaque époque, en effet, ne rêve pas seulement de la prochaine et cherche au contraire dans son rêve à s'éveiller[1].

Benjamin note aussi que « la mode comme l'architecture sont plongées dans l'obscurité de l'instant vécu, font partie de la conscience onirique du collectif »[2]. En reprenant le concept de Bloch, qui se réfère à l'esprit de l'utopie (l'obscurité de l'instant vécu), Benjamin suggère que l'architecture, notamment celle des passages, se trouve plongée dans l'obscurité pré-utopique (obscurité archaïque logée au sein de l'ayant-été), et participe ainsi de ce rêve collectif généré par le capitalisme. Il veut faire voir l'« actualité des passages dans leur structure onirique »[3], autrement dit l'actuel dans la structure de l'ayant-été *au niveau psychologique du collectif.*

Qu'est-ce que cette « révolution copernicienne » de l'éveil ? Celle qui saisit « le moment téléologique » dans le rêve, un moment « enfantin »[4]. Attentifs à la véritable nouveauté, le principe tectonique

---

1. *Exposé de 1935*, PW, p. 59 [LP, p. 45-46, trad. modifiée]. Suivant les recommandations de Philippe Ivernel, nous avons décidé de traduire *Erwachen* par « éveil », et de réserver le terme de « réveil » à *Wachen* ou *Erweckung*, qui s'opposent brutalement au rêve, alors que *Erwachen* est plutôt, comme l'« éveil », un espace de transition, un seuil entre le rêve et le réveil, et non la négation du rêve.

2. PW, p. 497 (K2a, 4) [LP, p. 411].

3. *Notes pour l'exposé de 1935*, PW, p. 1216 [LP, p. 895].

4. PW, p. 492 (K1a, 2) [LP, p. 407].

ou pandynamique de construction, qu'ils mettent en relation avec la véritable ancienneté, le vieux monde des symboles et du mimétisme, les enfants se situent dans les lieux d'éveil au beau milieu du rêve, capables de transporter avec eux des fragments oniriques jusque dans la vie éveillée des adultes. Ce faisant, ils font œuvre de chiffonnier [1] : ils combinent les déchets qu'ils trouvent et les mobilisent dans un nouveau rapport au monde, un rapport ludique aux antipodes du monde sérieux des adultes, un peu comme la « seconde technique » (moderne, ludique et sans risque) s'oppose à la « première technique » (primitive, sérieuse et sacrificielle) chez Benjamin. Ce faisant, ils se rapprochent du monde des correspondances de Baudelaire, du monde des attractions universelles du matérialisme anthropologique.

Le trait d'union se voit d'ailleurs tiré par un fragment du *Livre des passages*, un déchet arraché au *Nouveau monde industriel et sociétaire* de Fourier : « Les goûts dominants chez tous les enfants sont : 1. Le furetage ou penchant à tout manier, tout visiter, tout parcourir, varier sans cesse de fonction ; 2. Le fracas industriel, goût pour les travaux bruyants ; 3. La singerie ou manie imitative ; 4. La miniature industrielle, goût des petits ateliers ; 5. L'entraînement progressif du faible au fort. » [2] Nouvelle version de la métis grecque encouragée non par l'adulte rusé, mais par l'enfant créatif, « l'éveil imminent est – note Benjamin – comme le cheval de bois des Grecs dans la Troie du rêve » [3].

Ainsi, contrairement au réveil (*Wachen, Erweckung*), l'éveil (*Erwachen*) ne s'oppose pas au rêve. Il circule entre le rêve et le réveil et, dans un moment d'attente, surgit au milieu du rêve *et s'en empare*. Dans les moments suspendus où le rêve demeure lui-même endormi (comme les Troyens), l'éveil peut véritablement avoir lieu, peut *prendre lieu*. Pas plus que les Grecs ne suppriment Troie, l'éveil ne liquide le rêve, comme le fait le réveil. L'éveil pénètre dans le rêve

1. « Chantier », *Sens Unique*, IV, p. 93 [SU, p. 150-151].

2. Charles Fourier, *Le Nouveau Monde industriel et sociétaire*, Paris, 1829, cité *in* PW, p. 787 (W12,1) [LP, p. 654].

3. PW, p. 495 (K2,4) [LP, p. 409, trad. modifiée].

lors d'un moment d'apaisement, par une ruse digne d'Ulysse, et le prend subitement.

La véritable synthèse est celle, dans la constellation de l'*éveil*, du rêve et du réveil. Le réveil forme l'antithèse du rêve, l'état de conscience qui l'a refoulé. L'éveil constitue au contraire le moment entre le rêve et le réveil qui en fait la synthèse dans l'interprétation du rêve pour le sujet réveillé. Le « moment de la connaissabilité » instaure ainsi cet instant où rêve et réveil se rencontrent en un éclair surréaliste pour former l'éveil[1].

« De même que Proust commence l'histoire de sa vie par l'éveil, chaque présentation de l'histoire doit commencer par l'éveil, elle ne doit même traiter de rien d'autre. Celle-ci traite de l'éveil qui arrache au XIXᵉ siècle. »[2] Chaque courant, chaque mode, chaque esprit du temps entraîne tout sur son passage, et dépose l'écume de l'oubli. Les groupes se laissent paresseusement entraîner par la vague, mais un précurseur comme Proust, au risque de s'y noyer, arrache courageusement la mémoire individuelle à ce courant. Il faut faire de même pour la mémoire collective du XIXᵉ siècle. La « confrontation avec le mobilier chez Poe » exemplifie une « lutte pour l'éveil [*Erwachen*] qui arrache au rêve collectif »[3] :

> L'importance du mobilier à côté des biens immobiliers. La tâche que nous avons à accomplir ici est légèrement plus facile. Il est plus facile de pénétrer au cœur des choses périmées pour déchiffrer les contours du banal comme une devinette [*Vexierbild*], débusquer un Guillaume Tell qui se cache dans les viscères entrelacés des frondaisons, ou pouvoir répondre à la question : "Où est la mariée ?" La psychanalyse a depuis longtemps découvert dans les devinettes les schématismes du travail du rêve. Mais nous, avec la même conviction, nous sommes moins sur la trace de l'âme que sur celle des choses. Nous recherchons l'arbre totémique des objets au fin fond de l'histoire originaire [*Urgeschichte*][4].

1. PW, p. 579 (N3a, 3) [LP, p. 480].
2. PW, p. 580 (N4,3) [LP, p. 481].
3. PW, p. 282 (I1,4) [LP, p. 230, trad. modifiée].
4. PW, p. 281 (I1,3) [LP, p. 230, trad. modifiée].

Le rêve reprend les matériaux de la veille pour les assembler en une constellation de désirs qui les déborde largement en rappelant en eux un désir originaire. *Ainsi, l'histoire qui vient de passer, « l'ayant-été »* (Gewesene)*, porte la marque de « l'histoire originaire »* (Urgeschichte)*, « l'ayant-été-de-toujours »* [1] (Von-jeher-Gewesene).

Comme chez Freud, le rêve collectif demeure chez Benjamin en permanence alimenté par ce qui vient juste d'avoir lieu, l'ayant-été, répétant à chaque fois un désir originaire, l'ayant-été de toujours, et se rapportant au sujet comme sujet en devenir. L'histoire récente se trouve marquée du sceau de l'origine (*Ursprung*) en quête de laquelle s'est mis le chiffonnier dans le livre des passages, un peu comme l'analysant cherche dans ce qu'il a oublié de sa journée d'hier les traces d'un désir refoulé depuis trop longtemps. Les rêves les plus anciens, les désirs d'enfance, peuvent alors pour lui s'allier aux formes les plus nouvelles pour être réalisés, dépassant et supprimant les conditions actuelles.

Il s'agit là de la véritable synthèse du passé et du présent, que Walter Benjamin oppose aux fausses synthèses de l'antique et du moderne. Au stade de l'éveil, le dormeur se rend compte qu'il rêvait et de ce qu'il rêvait, et peut accéder par là à ses véritables désirs de veille, jusque-là enfouis. Expérience concrète de la dialectique, l'éveil nie en même temps le rêve et le réveil, il les supprime l'un par l'autre et les reprend à un niveau plus élevé. Dans l'éveil, il y a une *Aufhebung* du rêve et du réveil. Le présent caractérise le monde de veille auquel le rêve de l'ayant-été se rapporte secrètement. Il s'agit alors, par le ressouvenir du rêve, de *refaire l'ayant-été en tant qu'ayant-été de toujours*, de réaliser ce désir originaire en pleine conscience, et, cette fois, dans le réel.

---

1. PW, p. 580 (N4,1) [LP, p. 481, trad. modifiée].

Jusqu'au milieu du XIXe siècle, une nostalgie de l'antiquité pénètre les passages couverts. Au point même que celui qui voit réalisé en eux le phalanstère dont il rêvait, Fourier, se fait prendre dans cette orientation réactionnaire – écrit Benjamin. L'auteur du *Nouveau monde industriel et sociétaire* incarne cependant le potentiel utopique qui a été en quelque sorte anesthésié dans les passages. En effet, Benjamin discerne deux tendances opposées chez l'utopiste français : une dimension émancipatrice (liée aux « machineries » de son utopie) et un biais réactionnaire (lié au caractère « Empire » et antiquisant de son imagerie). C'est ce dernier qui prend le dessus dans les passages. Pour Benjamin, si le potentiel technique témoignant de la force de la vie élémentaire n'a pas su s'intégrer à la vie sociale et s'est au contraire volatilisé dans une imagerie favorable à la continuation d'une vie sociale misérable, c'est la faute à l'exploitation de l'homme par les propriétaires des moyens de production. En attendant, les premières Expositions universelles, spectacles triomphants des nouvelles possibilités industrielles, mettent en scène des images d'une société autre, exotique, sans classes.

expositions universelles
palais de cristal

La première Exposition universelle, *The Great Exhibition of the Works of Industry of all Nations*, a lieu à Londres en 1851. Un palais de fer et de verre, le Crystal Palace, est monté pour l'occasion et doit disparaître à la fin du spectacle. Construit par l'ingénieur Joseph Paxton et financé par des investisseurs privés, ce palais de cristal de 72 000 m^2 surgit au centre du plus beau parc de Londres, Hyde Park. Expression épurée de la force portante des montants de fer, le bâtiment semble témoigner d'une victoire du principe de construction sur les masques historicisants, du style constructeur sur l'historique. Il est, en puissance, le frère des places boursières du phalanstère de Fourier : centre névralgique d'un pandynamisme technique et social, il peut servir à tout. Mais une atmosphère féerique éclipse ces possibilités techniques et sociales. Benjamin relève ce témoignage de contemporains :

> On pourrait se croire, disait un visiteur, sous les ondes de quelques fleuves fabuleux, dans le palais de cristal d'une fée ou d'une naïade[1].
>
> Ces impressions firent tressaillir le monde entier. Je me rappelle moi-même comment, dans mon enfance, la nouvelle de l'édification du palais de Cristal nous parvint en Allemagne ; on en voyait des reproductions accrochées aux murs des salons bourgeois dans des villes de province reculées. Les réminiscences que nous avions des vieux contes, la princesse dans un cercueil de verre, les reines et les elfes qui avaient pour demeures des maisons de cristal, tout cela nous semblait réalisé [...] et ces impressions ont continué à vivre en nous pendant des décennies[2].
>
> C'est avec une sobre économie de langage que je qualifie d'*incomparablement féerique* le spectacle offert par cet espace. C'est un épisode du songe d'une nuit d'été au soleil de minuit[3].

L'Exposition universelle de 1851 prend naissance dans une nouvelle infrastructure thermo-industrielle marquée par la vapeur et l'électricité, Elle révolutionne aussi les formes esthétiques. En effet, elle impose le style constructeur contre l'ancien style historique, mais avec une « réminiscence des vieux contes » européens. L'imaginaire oriental, historicisant et archaïque des fantasmagories de l'intérieur se trouve plaqué sur ces matériaux révolutionnaires, porteurs d'un mode de vie nouveau, d'une société nouvelle. Les plus belles plantes des serres anglaises côtoient les palmiers du sud, les ormes centenaires, des sculptures, gravures, tableaux, marbres, bronzes et diverses œuvres d'art. Quatre galeries partent d'une gigantesque fontaine en cristal posée au centre et font défiler, sur deux étages, les cultures du monde.

---

1. Cité *in* PW, p. 224-225 (F5,4) [LP, p. 183].
2. Julius Lessing, cité *in* PW, p. 248-249 (G6 ; G6a, 1) [LP, p. 203].
3. Lothar Bucher, cité *in* PW, p. 248 (G6 ; G6a, 1) [LP, p. 203]. Nous soulignons.

L'idée à la source des Expositions universelles est similaire à celle du libre-échange : il faut abattre toutes les barrières. Dans le Palais de cristal, chacun peut exposer ses meilleurs produits, et repartir avec les meilleurs produits des autres. L'idéologie de l'égalité dans l'échange se transforme en une égalité de tous les peuples. Benjamin recueille des vers symptomatiques que l'on chante à la porte Saint-Martin, le 26 mai 1851 :

> Chaque industrie, exposant ses trophées
> Dans ce bazar du progrès général
> Semble avoir pris la baguette des fées
> Pour enrichir le Palais de Cristal […]
> Riches, savants, artistes, prolétaires,
> Chacun travaille au bien-être commun ;
> Et, s'unissant comme de nobles frères,
> Ils veulent tous le bonheur de chacun [1].

Les nations se confondent dans un bazar oriental, bazar du progrès général où tous les hommes, tous frères, travaillent au bonheur de tous. Les Expositions universelles exposent en stands et sur étals ce pathos sentimental de technocrate, forme sublime et enchanteresse de l'idée du libre-échange. C'est là que pour la première fois quelque chose « tombe et ne tombe pas sous les sens » – comme le note Marx dans *Le Capital*.

Dans un premier temps, la commission organisatrice de l'Exposition de 1851 prône l'affichage des prix (valeur d'échange) et l'ordonnancement selon le procès de production (valeur d'usage). Mais elle décide finalement de présenter les objets selon leur seule valeur d'exposition, pour comparer leur qualité esthétique. Ce que retiennent les visiteurs, ce n'est pas l'enchaînement rationnel des différentes étapes de fabrication d'un objet (extraction, matières premières, manufacture, décoration), ni les différents niveaux de prix

---

1. Cités *in* PW, p. 256 (G10a, 2) [LP, p. 209-210].

selon les pays, mais le « halo bleu » du Palais de Cristal, son « atmosphère » magique [1].

L'atmosphère constitue précisément ce dont Benjamin veut faire exploser la charge dans les passages. Celle du Crystal Palace accompagne l'idéologie du libre-échange, mais elle peut aussi la faire exploser de l'intérieur. L'utopie d'un communard peut retourner contre elle l'imagerie des Expositions universelles. Le philosophe allemand rapporte une conversation entre Gustave Courbet et Louise Michel où le peintre fait partager à la révolutionnaire un songe « candide par ses aspects d'Exposition universelle » :

> Chacun [...] se livrant sans entraves à son génie, Paris doublera son importance. Et la ville internationale européenne pourra offrir aux arts, à l'industrie, au commerce, aux transactions de toutes sortes, aux visiteurs de tous les pays, un ordre impérissable, l'ordre par les citoyens qui ne pourra être interrompu par les prétextes de prétendants monstrueux [2].

Malgré l'imagerie naïve que l'on retrouve aux Expositions universelles pour soutenir le pouvoir, le rêve de Courbet implique « de profondes réalités, et tout d'abord la certitude d'un ordre unanime à fonder » : « l'ordre par les citoyens ».

Il reste possible d'activer le principe tectonique (ou machinique) dont résulte l'imagerie des expositions, et de le retourner ainsi contre l'ordre inégalitaire de la société bourgeoise. Mais le Crystal Palace constitue au contraire le coup d'envoi d'une imagination bourgeoise qui a récupéré cet imaginaire romantique et utopique du début du siècle. Cette imagerie est reprise dès l'Exposition universelle de 1855 à Paris, avec pour monument le Palais de l'Industrie. Avec son armature de fer et de verre, cette construction d'Alexis Barrault ressemble à une mise en serre chaude de la société, sa transformation en paysage luxuriant. Au palais « Omnibus » de l'Exposition universelle

---

1. Merrifield, *The Armony of Colours as Exemplified in the Exhibition* (sic), cité par Giorgio Agamben, *Stanze. La parola e il fantasma nella cultura occidentale*, Torino, Einaudi, 2006, p. 47.

2. Cité par Jean Cassou, « La semaine sanglante », *Vendredi*, 2 mai 1936, cité *in* PW, p. 952-953 (k2a, 6) [LP, p. 791]. *Ibid.* pour la citation suivante.

de 1867, qui s'étalait sur tout le Champ-de-Mars, les produits de l'industrie semblent participer à un ordre naturel, ou surnaturel. Ils sont exposés comme dans l'intérieur du collectionneur, tels des œuvres d'art, entourés de jardins, de statues, de fontaines et d'ornements, comme pour éclipser le plus possible les machineries nouvelles, les techniques modernes et les objets fonctionnels qui devaient pourtant être les vedettes de l'exposition.

Au Crystal Palace, au Palais de l'Industrie et au palais « Omnibus » se trouvent donc mélangés, tout comme dans la fantasmagorie de l'intérieur, la nature la plus archaïque et la technique la plus moderne. L'Exposition universelle représente une grande réconciliation des hommes entre eux et avec le cosmos, dans le tourbillon de l'industrie, soit une vibrante promesse de bonheur, dont on trouve la caricature dans les gravures de Grandville. Tout le XIXᵉ siècle se concentre ici, avec ses masques historicisants, orientalisants et naturalisants. Toutes les régions de la terre et toutes les époques doivent s'y réunir. Toutes les matières premières et tous les outils, de leur état brut jusqu'à l'art, en passant par l'artisanat. Au-delà des prétextes utilitaires, il s'agit de mettre en scène un « cosmos humain ». Le XIXᵉ siècle cherche par là l'œuvre d'art totale. Mais il ne témoigne, pour le critique d'art Sigfried Giedion comme pour Benjamin qui le suit sur ce point, que d'une « synthèse prématurée »[1].

Ce cosmos humain plongé dans un nouveau mouvement fait écho aux visions du matérialisme anthropologique qu'expriment dans leurs écrits Fourier, Saint-Simon, Claire Démar et, plus globalement, l'imaginaire des utopies socialistes (pré-marxistes). Ces visions utopiques déploient le mouvement d'attraction universelle mis en avant par Newton et que les penseurs souhaitent appliquer à la société de l'avenir. Mais, dans les Expositions universelles, l'attraction newtonienne n'a pas été élevée à la hauteur du mouvement social, du mouvement de l'homme ; elle a simplement été figurée dans un dispositif abstrait qui nie son mouvement concret. Elle a été

---

1. Sigfried Giedion, *Bauen in Frankreich*, Leipzig-Berlin, 1928, cité *in* PW, p. 238 (G2,3) [LP, p. 195].

superficiellement plaquée sur la réalité de l'échangisme, bloquant la possibilité d'une existence réelle et rassemblant les différentes classes en une masse compacte de spectateurs fascinés.

Benjamin note que cette résolution anticipée des conflits dans l'imaginaire témoigne aussi de la volonté de bloquer la poussée des forces productives et d'empêcher la « ventilation » des classes [1]. L'œuvre d'art totale de l'Exposition universelle tente d'asphyxier le mouvement social par un simulacre de réconciliation généralisée.

une rêverie « inoffensive »

Aux Expositions universelles, le « matérialisme anthropologique » des saint-simoniens d'avant les journées révolutionnaires de 1830 s'est transformé en fantasmagorie. L'idée d'appliquer l'attraction newtonienne aux relations entre les hommes, à laquelle se rapportent, chacun à leur manière, Saint-Simon, Fourier et Claire Démar, est remplacée par la religion de l'industrie planétaire.

Les saint-simoniens avaient repris l'idée révolutionnaire d'une l'association fraternelle de producteurs libres et égaux entre eux, qu'ils soient ouvriers ou patrons. Mais à l'époque des premières Expositions, ces « rêveurs inoffensifs » [2] (d'après Paul Lafargue que reprend Benjamin), se rattachent plutôt à ce que Friedrich Engels, avant de parler de « socialisme utopique », appelle « l'épidémie » du « socialisme vrai ». Ce socialisme se répand dès 1844 et se perd « dans cette littérature et ce pathos sentimental écœurants » dont Karl Grün fut le représentant le plus typique. Il se situe, à cause de son sentimentalisme, aux antipodes du socialisme « newtonien » et matérialiste des utopistes français d'avant le milieu du siècle. Il ne s'agit pas de la loi de la matière, mais d'un jargon de l'authenticité qui hérite des défauts de Feuerbach plutôt que de ses qualités : de son style « ampoulé » d'une part, de son « apothéose excessive de l'amour » d'autre part [3].

---

1. PW, p. 238 (G2,3) [LP, p. 195].

2. Paul Lafargue, « Der Klassenkampf in Frankreich », *Die Neue Zeit*, XII, 1894, cité *in* PW, p. 713 (U3,2) [LP, p. 592].

3. Benjamin reprend cette critique à Engels *in* PW, p. 714 (U3a, 1) [LP, p. 593].

Chez Saint-Simon et Enfantin, cette poésie – de la liberté sexuelle notamment – n'est pas « excessive », mais nécessaire. Cependant, son authenticité s'efface progressivement au profit d'un « pathos écœurant » à partir du schisme de 1831. Benjamin note que ce fameux schisme des saint-simoniens a été « provoqué par la doctrine d'Enfantin concernant l'émancipation de la chair »[1]. Cette émancipation est devenue une émancipation ésotérique dirigée par un père placé au sommet de la hiérarchie plutôt qu'une émancipation matérielle entre égaux. En d'autres termes, le principe newtonien a cédé au sentimentalisme et au principe de la hiérarchie. Bazard, Carnot, Charton et Pierre Leroux (fondateur en 1824 du journal saint-simonien *Le Globe*) sortent du mouvement. Le principe d'industrialisation du globe a pris le dessus sur le principe de libération de la classe la plus nombreuse et la plus pauvre.

Au moment des Expositions, le saint-simonisme est devenu l'esprit surajouté à l'industrialisation du monde. Ceux qui s'en réclament sont de toutes les actions et productions nationales et internationales. Les frères Pereire règnent pendant des décennies sur les chemins de fers, les banques et le bâtiment. Enfantin et Lambert-Bey tentent, avec le canal de Suez, de concrétiser une entreprise mondiale. À côté de la planification grande-bourgeoise du saint-simonisme, le phalanstère fouriériste apparaît comme une entreprise petite-bourgeoise cantonnée à la consommation et au plaisir. En 1852, le Crédit mobilier des frères Pereire, est créé sous l'impulsion de Napoléon III pour financer les chemins de fer. La même année, on fonde le Crédit foncier et le Bon marché. Les saint-simoniens sont devenus une école d'ingénieurs et d'entrepreneurs à l'échelle industrielle, soutenus par le capital bancaire. Pour Benjamin, Saint-Simon est alors le « précurseur des technocrates »[2].

Le crédit s'organise, accroissant la richesse et le luxe de la bourgeoisie. Les subventions publiques affluent, les grands magasins parisiens ouvrent les uns après les autres et un grand nombre de

---

1. PW, p. 733 (U13,1) [LP, p. 609] ; PW, p. 732 (U12a, 2) [LP, p. 608].
2. PW, p. 718 (U5a, 3) [LP, p. 596].

concessions de chemin de fer sont accordées. Ce n'est plus l'attraction newtonienne qui doit relier les hommes, mais les rails des chemins de fer transportant les marchandises. On ne trouve en 1852 plus qu'un lointain écho de la religion newtonienne, dans cette remarque de Michel Chevalier que relève Benjamin :

> On peut comparer le zèle et l'ardeur que déploient aujourd'hui les nations civilisées pour l'établissement des chemins de fer avec ce qui se passait, il y a quelques siècles, pour l'érection des églises [...] Si, comme on l'assure, le mot de religion vient de *religare* [...], les chemins de fer ont plus de rapports qu'on ne le pense avec l'esprit religieux. Jamais il n'exista un instrument d'autant de puissance pour [...] relier les peuples épars[1].

Technocrate alors passé du côté des puissants, l'engouement de Chevalier pour les chemins de fer finit en dévotion aveugle pour l'activité productrice de marchandises. Benjamin note que « la marque historique du chemin de fer consiste en ceci qu'il représente le premier – et sans doute aussi le dernier, jusqu'aux grands paquebots – moyen de transport à former les masses. »[2] Former les masses, et non pas instruire la classe ouvrière. Il ajoute :

> Les saint-simoniens ont prévu le développement de l'industrie mondiale ; ils n'ont pas prévu la lutte des classes. C'est pourquoi, en regard de la participation à toutes les entreprises industrielles et commerciales vers le milieu du siècle, on doit reconnaître leur impuissance dans les questions qui concernent le prolétariat[3].

Aux Expositions universelles, le saint-simonisme abandonne la question sociale et se courbe, fasciné, devant le pouvoir. Cette évolution culmine avec les services remarqués de Chevalier à Napoléon III. Benjamin fait une distinction décisive entre Saint-Simon et Marx : Saint-Simon assimile l'entrepreneur aux exploités – qui doivent donc lui être solidaires – alors que Marx distingue rigoureusement

---

1. Michel Chevalier, « Chemins de fer », article du *Dictionnaire de l'économie politique*, Paris, 1852, cité *in* PW, p. 739 (U15a, 1) [LP, p. 613].
2. PW, p. 744 (U18,5) [LP, p. 618].
3. *Exposé de 1939*, PW, p. 65 [LP, p. 51].

ceux strictement exploités de ceux qui les exploitent, fussent-ils exploités à un autre niveau [1]. Les saint-simoniens ne font pas non plus la différence entre capital financier et capital industriel. Pour eux, « toutes les antinomies sociales se dissolvent dans une féerie que le « progrès » fait espérer pour un proche avenir » [2].

Les Expositions universelles sont cette féerie qui, gouvernée par l'idée technocratique de « progrès », dissout les contradictions sociales dans une industrialisation planétaire sans inégalités. Dès la première Exposition universelle, les saint-simoniens ne forment plus qu'une « Armée du salut au sein de la bourgeoisie » [3], une clique qui s'occupe plus de l'« éducation » du peuple, autrement dit de propagande idéologique [4], que de son instruction ou de sa défense. On substitue l'idée d'exploitation du globe par l'industrie à celle de la suppression de l'exploitation de l'homme par l'homme. Repris à la société des Jésuites, on préfère le principe de hiérarchie à celui d'attraction universelle.

l'anneau de Saturne

Les Expositions qui suivent celle de Londres renforcent le côté distrayant, féerique et orientalisant de l'événement, ainsi que l'attitude passive du visiteur. Benjamin note chez un contemporain qu'en 1855, à Paris, les locomotives qui gardent l'entrée de l'annexe des machines sont « semblables à ces grands taureaux de Ninive, à ces grands sphinx égyptiens qu'on voyait à l'entrée des temples. L'annexe était le pays du fer, du feu et de l'eau ; les oreilles étaient assourdies, les yeux éblouis » [5]. Il observe qu'en 1867, l'exposition égyptienne « était logée dans un bâtiment qui imitait un temple égyptien » [6], et que le

---

1. PW, p. 716 (U4,2) [LP, p. 594] et PW, p. 717-718 (U5,2) [LP, p. 596].

2. PW, p. 716 (U4a, 1) [LP, p. 594].

3. PW, p. 734 (U13a, 1) [LP, p. 610].

4. Il est caractéristique à ce propos qu'Enfantin salue le coup d'État de Louis Napoléon comme l'œuvre de la Providence, et que Chevalier devienne son conseiller.

5. A. S. Doncourt, *Les Expositions universelles*, Lille-Paris, 1889, *in* PW, p. 252-253 (G8a, 2) [LP, p. 207].

6. PW, p. 255 (G9a, 6) [LP, p. 208].

« quartier oriental » formait « le centre des attractions »[1]. Le palais de l'Exposition, sur le Champ-de-Mars, est comparé au Colisée. Benjamin recueille aussi les témoignages de Théophile Gautier et Ernest Renan. Pour le premier, « il semble qu'on ait devant soi un monument élevé dans une autre planète, Jupiter ou Saturne, d'après un goût que nous ne connaissons pas et des colorations auxquelles nos yeux ne sont pas habitués. [...] Le grand gouffre azuré avec sa bordure couleur de sang produit un effet vertigineux et désoriente les idées qu'on avait sur l'architecture. »[2] Pour le second, les Expositions universelles ressemblent « aux grandes fêtes grecques, aux jeux Olympiques, aux Panathénées »[3]. Toutes les formes techniques nouvelles sont associées à ces images venues de l'Antiquité. Comme le catalogue de l'Exposition de Londres de 1851, le *Paris-Guide de l'Exposition universelle de 1867* met l'accent sur le caractère exotique de l'événement. Le « gouffre azuré » de 1867 fait écho au « halo bleu » de 1851. La marchandise doit être contemplée comme un objet unique, non comme un produit comparable à d'autres.

Les produits de l'industrie qu'on appelle « spécialités » incarnent ce pouvoir de fascination permis par le fétichisme de la marchandise. Le balcon de fer met en valeur une spécialité de l'industrie de la métropole : les portes-fenêtres françaises, qui nécessitent une balustrade. Benjamin recopie dans un livre sur Paris que l'immeuble le plus modeste doit être orné d'une simple barre d'appui de fer, tandis que le plus riche arbore une véritable œuvre d'art en fer forgé, un ornement qui articule la fenêtre, la façade et l'immeuble. Les architectes « font courir sur un ou deux étages un balcon qui occupe toute la largeur de la façade et dont la couleur noire se détache très nettement, produisant ainsi un effet puissant. »[4] Benjamin reprend

1. PW, p. 253 (G8a, 3) [LP, p. 207].

2. PW, p. 253-254 (G9,2) [LP, p. 207-208].

3. Ernest Renan, « La poésie de l'Exposition », *Essais de morale et de critique*, cité *in* PW, p. 262 (G13a, 3) [LP, p. 215].

4. Fritz Stahl, *Paris. Eine Stadt als Kunstwerk*, Berlin, 1929, cité *in* PW, p. 231 (F8a) [LP, p. 189].

à ce sujet la comparaison entre le palais de l'Exposition et la planète Saturne qu'il trouve chez Gautier :

> Les Expositions universelles construisent un monde fait de "spécialités". Les fantaisies de Grandville réalisent la même chose. Elles modernisent l'univers. L'anneau de Saturne devient pour lui un balcon en fer forgé où les habitants de Saturne prennent l'air à la tombée de la nuit. De la même façon un balcon en fer forgé représenterait à l'Exposition universelle l'anneau de Saturne et ceux qui s'y avancent se verraient entraînés dans une fantasmagorie où ils se sentent mués en habitants de Saturne [1].

Dans le roman utopique de Grandville, *Un autre monde*, l'anneau de Saturne est en effet un balcon circulaire qui permet aux personnages de prendre le frais [2]. Benjamin rapproche cette ivresse cosmique de celle du haschich. Dans les fantasmagories de l'intérieur, cette ivresse préfigurait un monde meilleur, mais qui restait privé. Ici, elle est publique. Dans une métamorphose inverse à celle de Grandville, un simple balcon en fonte produit par la grande industrie se transforme un anneau de Saturne. Aux Expositions universelles, la marchandise se trouve poétisée. Les spectateurs ordinaires des Expositions deviennent d'extraordinaires habitants de Saturne : ici, on entre dans l'âge d'or. Mais Saturne est aussi le dieu qui dévore ses enfants. Les spectateurs, entraînés sur un balcon de fer par leur fascination pour l'âge d'or, finissent engloutis dans une fantasmagorie.

fantasmagories et idéologie
le discours de Victor Hugo en 1867

L'imagerie diffuse qui naît au Crystal Palace en 1851 est parachevée par le discours de Victor Hugo à l'Exposition universelle de 1867, que recopie Benjamin. Il s'agit en fait de l'introduction au catalogue de l'Exposition, qui reprend un discours politique lu en 1849 et 1851 [3]. L'écrivain parle au nom du peuple, de tous les peuples, de

---

1. *Exposé de 1939*, PW, p. 65-66 [LP, p. 51].
2. Grandville, *Un autre monde*, Paris, 1844, p. 139, accès sur http ://www.gallica.fr.
3. Victor Hugo, *Œuvres complètes*, André Martel Éditeur, 1955, p. 509-513.

l'Humanité. Il fait l'apologie des « États-Unis d'Europe » libre-échangistes et pacifiques qui s'uniront fraternellement par-dessus les mers, troqueront leurs créations et leurs génies, amélioreront ensemble la création de Dieu et mettront fin à toute exploitation. La libre-circulation des biens s'étendra à celle des hommes, de la langue et de la justice, liquidera les parasites et permettra à chacun de devenir rentier. « La fantasmagorie de la culture capitaliste trouve son plus grand épanouissement lors de l'Exposition universelle de 1867 »[1], commente Benjamin. De même que l'opérette d'Offenbach *La Vie parisienne*, qualifiée d'« utopie ironique d'une durable domination du capital »[2], en est la manifestation musicale, le texte de Victor Hugo en est l'expression littéraire.

Benjamin recopie de nombreux passages du *Capital* où Marx cherche à démystifier ce discours du libre-échangiste. Il note à propos de Lamartine et de Hugo – que Marx accuse d'avoir trahi les aspirations réelles du prolétariat – un passage de *La conscience mystifiée* de Henri Lefebvre et Norbert Guterman : « Le démocrate est un homme au cœur sur la main ; son cœur est une excuse, une preuve, une échappatoire. Il est professionnellement émouvant, ce qui le dispense d'être véridique »[3]. Benjamin relève cette relation chez Marx : lorsque la bourgeoisie règne dans l'infrastructure, une idéologie d'égalité et de fraternité des producteurs réunis basée sur le libre-échange règne dans la superstructure. Cette sphère de la circulation entraîne pour lui « un véritable Eden des droits naturels de l'homme et du citoyen. Ce qui y règne seul, c'est Liberté, Égalité, Propriété et Bentham. »[4] Benjamin note que c'est comme écrivain que Victor Hugo s'est enrichi[5]. Fin stratège, le poète français mène à la fois – comme Lamartine – une carrière politique en littérature qui le fait romantique et une carrière politique à l'assemblée qui le fait démocrate. Au fond, Hugo n'écoute-t-il pas la foule parce qu'elle lui rappelle ses ancêtres

---

1. *Exposé de 1935*, PW, p. 51-52 [LP, p. 40]. Aussi PW, p. 252 (G8,4) [LP, p. 206].
2. *Exposé de 1935*, PW, p. 52 [LP, p. 40].
3. Cités *in* PW, p. 923 (d11,1) [LP, p. 767-768].
4. Karl Marx, *Le capital, op. cit.*, p. 178.
5. PW, p. 930 (d14a, 1) [LP, p. 773].

et, tel le tumulte de l'océan, sa propre grandeur? Ne cherchait-il pas, dans le tumulte de la mer, le fracas des applaudissements? Il nourrit un culte du génie, s'enivrant des listes des noms des grands hommes de l'histoire, et il voit, note Benjamin, dans Notre-Dame non pas le refuge d'une belle gitane et d'un paria difforme, mais la lettre « H », celle de son propre nom, dressée dans l'architecture de la cathédrale.[1]

« Hugo transporte le spiritisme dans son univers », note Benjamin[1] (un peu comme l'animisme pénètre les Expositions universelles) : l'écrivain distingue les signes du progrès dans la pratique du spiritisme, pas aux ateliers nationaux. Idéaliste plongé dans les mythes de l'intériorité et de la personnalité, le poète mystique se fait idéologue de la bourgeoisie.

Le discours de Victor Hugo masque mal sa volonté de maintenir sous tutelle un peuple magnifié. De même qu'il oppose la lucidité de Marx à la perfidie de Lamartine, Benjamin oppose, dans son *Exposé de 1935*, ce discours à l'action des délégués des travailleurs pendant la première Exposition universelle. Le texte de Victor Hugo vient remplacer de façon équivoque l'action naissante du prolétariat en 1851. Il verbalise ce qui n'était jusqu'ici qu'atmosphère et explicite la fonction commune de son langage et de l'imagerie de l'Exposition : préserver l'ordre existant.

Cependant, lorsqu'il écrit l'*Exposé de 1939*, Benjamin abandonne cette référence au discours de Victor Hugo, pourtant bien commode pour souligner le caractère idéologique et trompeur des Expositions universelles. C'est peut-être que, si cette fantasmagorie des Expositions universelles procède bien de la transposition idéologique analysée par Marx dans le fétichisme de la marchandise, elle introduit aussi la propagande politique et industrielle, et notamment l'idéologie du progrès. Benjamin s'intéresse au prélude, à l'imagination bourgeoise, avant que de s'intéresser à son discours abouti, à son idéologie : si la fantasmagorie résulte d'un renversement typique de l'idéologie (au sens d'inversion), elle instaure aussi des discours idéologiques (au sens de propagande politique). Benjamin ne méconnaît pas les

---

1. PW, p. 935 (d17,4) [LP, p. 777-778].

idéologues de la bourgeoisie qui ont la manie de parler à la place du peuple et en son nom. Cependant, il s'intéresse plutôt, de manière singulière, aux *maîtres de plaisir* de la bourgeoisie, à la « sensualité de l'homme bourgeois », associé à l'« hédonisme et [au] cynisme » [1]. Et le philosophe de se poser la question : « Pourquoi n'y a-t-il pas eu d'idéalisme français ? » Pourquoi – demande au fond Benjamin – la France n'a-t-elle pas vu naître, comme en Allemagne, une idéologie pour légitimer l'industrialisme naissant ? Pourquoi a-t-elle vu apparaître, à la place, des fantasmagories ? Il semble que la réponse soit présente dans les mêmes notes préparatoires : « L'influence de l'industrie sur le langage est plus tardive que celle exercée sur l'image » [2]. L'idéologie bourgeoise s'avère moins décisive chez Benjamin que la « sensualité » bourgeoise, que l'hédonisme et que le cynisme bourgeois, bref, que l'imaginaire bourgeois en général. La propagande industrielle se fait d'abord par les images, par la « sensualité » bourgeoise représentée par Scribe, Sue, puis, dans un second temps, par des discours, par l'idéologie bourgeoise incarnée par Victor Hugo et Lamartine, si bien analysée par Marx et ses héritiers. Il n'y a pas eu d'idéalisme français parce que le mélange d'hédonisme et de cynisme des intellectuels français a pour l'imaginaire la même fonction que l'idéalisme allemand pour l'entendement : occulter l'ordre naissant pour mieux le légitimer. Les images sont plus efficaces que le langage.

Le fétichisme de la marchandise ouvre le champ d'une fantasmagorie toute de distraction et de réaction sur laquelle peuvent jouer la domination politique comme économique. D'abord, une transposition idéologique, la transposition de la valeur d'usage en valeur d'échange, fournit le cadre figuratif de la fantasmagorie, qui donne ensuite la possibilité d'une propagande industrielle ou politique – d'une idéologie au sens politique du terme. Si la fantasmagorie résulte d'une transposition idéologique qui opère bien dans le fétichisme de la

---

1. *Notes pour l'exposé de 1935*, PW, p. 1209 et 1211-1212 [LP, p. 889, 891].

2. Et cela est visible de manière exemplaire « chez les surréalistes », dont on sait qu'ils ont beaucoup influencé le projet de Benjamin. *Notes pour l'exposé de 1935*, PW, p. 1210 [LP, p. 890]. Picasso, Chirico, récupèrent ces images dans leurs œuvres. *Exposé de 1935, première version*, PW, p. 1236 [LP, p. 913]. Les surréalistes récupèrent ainsi les « symboles de souhait » avant qu'ils ne se transforment en idéologie.

marchandise, elle se veut donc aussi, d'un autre côté, le précurseur de l'idéologie sous la forme de la propagande politique, l'idéologie donnant une forme discursive à ce qui ne constitue à l'origine qu'une imagerie accompagnant la marchandisation du monde. Un renversement idéologique ouvre la voie à une fantasmagorie qui, une fois installée, se concrétise en un discours qui forme alors l'idéologie dominante. Dans une même occultation du mouvement social et de la misère des ouvriers, on passe ainsi, selon Benjamin, par une transposition idéologique, du fétichisme à la fantasmagorie, et, par une extension logique, de la fantasmagorie à l'idéologie à nouveau.

trouble-fêtes

Pour Benjamin, 1867 marque la rupture. Avec le discours de Victor Hugo, les ouvriers sont dépossédés de leur voix. Aux Expositions universelles précédentes, des groupements ouvriers de différents pays se retrouvaient et discutaient de la manière de défendre leurs droits par-delà les frontières. Les travailleurs avaient pris conscience, au fil des multiples traités de commerce avec l'étranger négociés par Napoléon III, qu'ils se trouvaient désormais pris dans un système économique mondial. De plus, la crise de 1857-1858 avait mis fin aux illusions d'un « socialisme » de l'Empire. On ne pouvait maintenir les salaires à un niveau équivalent aux prix, en constante augmentation, de la nourriture et du logement. Les travailleurs s'étaient donc saisis de l'occasion des Expositions universelles pour s'unir contre les effets néfastes du capitalisme mondialisé.

Les citations que Benjamin recopie dans sa liasse intitulée « Expositions, publicité, Grandville » traduisent bien les aléas et le danger, pour les gouvernements, de la représentation directe des travailleurs aux Expositions universelles. Pour un historien, « les délégations ouvrières aux Expositions de Londres et de Paris en 1862 et en 1867 ont guidé le mouvement social du Second Empire, nous pouvons même dire de la seconde moitié du dix-neuvième siècle » [1]. Pour Michel Chevalier, « leurs rapports ont été comparés aux cahiers

1. Henry Fougère, *Les délégations ouvrières aux Expositions universelles*, Montluçon, 1905, cité *in* PW, p. 250 (G7,5) [LP, p. 204-205].

des États généraux ; ils ont été le signal d'une évolution sociale comme ceux de 89 avaient déterminé une révolution économique et politique » [1]. Les ouvriers français et anglais s'associent et revendiquent la libération des Polonais, la suppression des armées, la réduction de la journée de travail à dix heures et l'abrogation d'un article du Code civil (qui stipule que le maître doit être cru sur parole sur les paiements des salaires des ouvriers). Pendant que ferme l'Exposition, ce « parlement ouvrier » tient encore des assemblées [2].

Pour certains (comme Riazanov, sur lequel Benjamin base son analyse), le rassemblement de l'Internationale aux Expositions universelles serait une pure légende. Cependant, la visite des ouvriers français à l'exposition anglaise de Londres en 1862 « a eu, par ses conséquences *indirectes*, une grande signification, dans la mesure où elle a représenté une étape très importante sur la voie d'une compréhension entre travailleurs français et anglais » [3]. Or c'est ce que note Benjamin : cette délégation de travailleurs français « contribua *indirectement* à la fondation par Marx de l'Association internationale des travailleurs » [4]. Benjamin ne reprend pas cette hypothèse fragile ensuite. Ces possibles délégations ouvrières contiennent néanmoins peut-être pour Benjamin une force qui peut dissoudre la fantasmagorie capitaliste. Ici, ce n'est pas la science qui s'oppose à la fantasmagorie (comme elle s'oppose, dans une version positiviste du marxisme, à l'idéologie), mais ce sont les revendications des travailleurs eux-mêmes. Le mouvement social menace directement la fantasmagorie, et nous verrons avec la Commune de Paris qu'il peut effectivement la liquider.

Marx s'avance un peu trop lorsqu'il déclare, en 1848, qu'en dissolvant la dignité dans la valeur d'échange, la bourgeoisie a remplacé

1. Michel Chevalier, cité par Henry Fougère, *Les délégations ouvrières aux Expositions universelles*, Montluçon, 1905, cité *in* PW, p. 250 (G7,5) [LP, p. 204-205].

2. PW, p. 250-251 (G7,5-G7a, 4) [LP, p. 204-205].

3. David Riazanov, *Zur Geschichte der ersten Internationale*, Marx-Engels Archiv, Francfort, 1928, cité *in* PW, p. 245-246 (G5,2-G5a, 1) [LP, p. 201]. Nous soulignons.

4. Avec certes une imprécision : Marx n'était que spectateur le jour de la fondation. *Exposé de 1935*, PW, p. 51 [LP, p. 40]. Nous soulignons. Pour des informations plus précises sur la question, voir Mathieu Léonard, *L'émancipation des travailleurs. Une histoire de la Première Internationale*, Paris, La Fabrique, 2011.

l'exploitation opaque, religieuse et politique, du Moyen Âge par une exploitation économique ouverte et explicite. La forme d'exploitation bourgeoise n'en demeure pas moins voilée, moins raffinée et moins difficile à confondre. Seulement, c'est désormais la fantasmagorie qui, redoublant le fétichisme, sert de masque. Le secret du procès de la valeur réside au plan de la production matérielle dans la lutte de classes. Là aussi, Benjamin cherche dans l'économie l'origine des fantasmagories.

expérience historique et expérience vécue

Le mouvement social est du côté du travail, dans l'expérience historique (*Erfahrung* chez Benjamin [1]) ; les fantasmagories du côté du capital, dans l'expérience « vécue » (*Erlebnis*). En reformulant la « réalité » en *Erfahrung* et « l'illusion » en *Erlebnis*, Benjamin opère un déplacement qui permet de trouver dialectiquement de l'*Erfahrung* dans les fantasmagories et de l'*Erlebnis* dans le mouvement social, le but du philosophe consistant à assembler les éléments disjoints d'une véritable expérience historique.

Entre 1937 et 1940, Benjamin note que la fantasmagorie se caractérise par son opposition au travail : elle dissimule la dimension historique dans l'expérience immédiate de l'instant. Consolatrice sublime du fétichisme, elle renvoie au « corrélat intentionnel de l'expérience vécue [*Erlebnis*] » [2]. Avec cette expression de « corrélat intentionnel », Benjamin reprend l'intention de la phénoménologie et la replace dans la société marchande. La fantasmagorie du marché constituerait le noème de l'ouvrier spectateur des Expositions universelles. Toute fantasmagorie tient « dans l'immédiateté de la présence sensible » à un processus d'« illumination » des productions humaines. Grâce à elle, un balcon en fer forgé produit par l'industrie capitaliste se trouve vécu comme l'éternel anneau de Saturne. Comme dans le fétichisme chez Marx, l'instant « naturel », immédiatement vécu – *Erlebnis* – recouvre la dimension de l'expérience historique

---

1. *Erfahrung* vient du vieil allemand *Erfahren*, qui signifie à l'origine voyager, traverser, faire de la route et, ce faisant, accumuler des expériences, des histoires à raconter.

2. PW, p. 966 (m3a, 4) [LP, p. 801].

– *Erfahrung*[1]. L'expérience historique se situe du côté du travail, l'expérience vécue du côté de la fantasmagorie. La fantasmagorie est ce que vise l'homme dans sa seule « expérience immédiatement vécue ». La fantasmagorie compose ainsi une nébuleuse qui estompe l'existence sociale. Vivre une fantasmagorie revient à faire abstraction de la situation empirique et à entrer dans un monde d'êtres irréels, oublier le monde misérable du travail dans le monde enchanté du capital.

La circulation accélérée du capital représente le phénomène économique par excellence d'où toute la superstructure semble découler. Or la théorie économique du capital telle que Marx l'expose désigne en réalité une *science du travail* au centre de laquelle se trouve le mystère du *renversement du travail concret social en valeur abstraite étrangère à l'homme.* L'énigme de ce renversement a pour nom fétichisme de la marchandise, renversement idéologique de toutes les places : le concret y exprime l'abstrait, l'abstrait y prend la place du concret, l'objet hante le sujet et déborde sur son espace propre. L'idée économiste de travail « en général », au mépris de tout travail « en particulier », a engendré l'idée que toutes sortes de travaux peuvent être égaux et a accompagné l'essor de la masse laborieuse. Cette « égalité » inhérente à tout type de travail n'est pourtant pas « naturelle ». Elle caractérise bien plutôt une construction qui, dans l'échange, se manifeste comme valeur *de la marchandise.* Il convient donc de ramener la valeur à sa dimension non pas « naturelle », mais historique et sociale : celle du travail qui s'est incorporé dans la marchandise. Car c'est au fond le travail qui, occulté dans la valeur d'échange, permet toute création humaine.

Lorsque, à l'Exposition universelle de 1867, les délégations ouvrières exigent que l'on abroge la loi qui fait valoir la parole de l'entrepreneur contre celle de l'ouvrier concernant le montant et le versement des salaires, elles dévoilent une chose : le salaire du travail ne résulte pas des fluctuations comme on voudrait leur faire croire,

1. « L'expérience [*Erfahrung*] est le produit [*Ertrag*] du travail, l'expérience vécue [*Erlebnis*] est la fantasmagorie de l'oisif. », PW, p. 962 (m1a, 3) [LP, p. 798, trad. modifiée]. *Ibid.* pour la citation suivante.

mais de la décision du patron. L'ouvrier revendique le droit à participer lui aussi à la négociation de son salaire. Il pointe le tort qu'il subit, et le travestissement du contenu pratique de l'économie dans sa forme théorique.

L'analyse marxienne aboutit à la vente et l'achat de cette marchandise fort singulière qu'est la force de travail. Selon le mot de Marx que copie Benjamin : « Le laboratoire secret de la production, sur le seuil duquel il est écrit : *"No admittance except on business"* »[1], la force de travail ne peut entrer dans l'usine capitaliste qu'à condition de se transformer en valeur d'échange, business oblige. Et Benjamin de commenter : « *cf.* l'inscription de Dante sur la porte de l'Enfer », soit « *Lasciate ogni speranza, voi ch'entrate* », Marx les avait précisément inscrits sur les usines au nom du capitaliste :

> Le machinisme automatisé d'une grande fabrique est beaucoup plus tyrannique que ne l'ont été les petits capitalistes qui emploient les ouvriers. Du moins en ce qui concerne les heures de travail, on peut écrire sur la porte de ces fabriques : *Lasciate ogni autonomia, voi ch'entrate!* ("Renoncez à toute autonomie, vous qui entrez !")[2].

Benjamin note aussi que cela lui rappelle « le "sens unique" [... *und die "Einbahnstrasse"*] ». Un photomontage de plusieurs panneaux « sens unique » superposés ornait son livre de 1924 intitulé précisément *Einbahnstrasse*. Il s'agissait en quelque sorte de la satire des fantasmagories du progrès, qui cachent mal l'éternelle répétition du même.

« Le travail est la source de toute richesse et de toute culture »[3], recopie Benjamin chez Marx. Mais pour l'arpenteur des passages, fidèle à Fourier, il s'agit toujours d'un travail « passionné », de la praxis originaire qui prend racine dans le matérialisme anthropologique.

1. Karl Korsch, *Karl Marx*, manuscrit du livre de 1938 [*Karl Marx*, p. 139], cité *in* PW, p. 813 (X7a, 3) [LP, p. 676].

2. Karl Korsch, *Karl Marx*, *op. cit.* et Friedrich Engels, « Luttes de tendances et dissolution de l'Internationale », dans *Le parti de classe. Tome III : questions d'organisation*, Paris, Maspero, 1973, p. 185.

3. Karl Marx, *Das Kapital*, éd. Korsch, Berlin, 1932 [*Le capital*, p. 140], cité *in* PW, p. 808 (X5,1) [LP, p. 672].

Or, dans l'échange, ne se manifeste plus que la « valeur » de celle-ci. La marchandise est un « niveleur-né », elle met au même niveau que la valeur la quantité de travail qu'on a dépensé pour elle.

Benjamin montre comment, parfois, le voile se déchire entre l'infrastructure et la superstructure et comment la fantasmagorie se dissout. Il y a valeur – note-t-il chez Marx – parce qu'il y a valeur d'usage, production de marchandises *pour autrui*, et non pas production de marchandise *en général*, comme voudraient nous le faire croire les économistes classiques. La valeur d'usage perd une partie de sa grandeur en devenant valeur d'échange par la transformation d'un « surtravail » de l'ouvrier en « plus-value » que s'approprie le propriétaire des moyens de production. Cette plus-value résulte de la lutte des classes entre les ouvriers et les entrepreneurs présents aux Expositions universelles. Une définition rigoureuse du travail implique *concrètement* l'exploitation, l'asservissement et son caractère social : le travail est « formellement payé » mais « effectivement exploité », « formellement libre mais effectivement asservi » et « formellement isolé mais effectivement social ». La « forme fantasmagorique » redouble cette liberté « formelle » dans l'isolement et l'occultation de son caractère social et commun à toute une classe, et l'expérience immédiatement vécue du capital s'oppose à l'expérience historique du travail. Cette dernière incarne la forme de la vie sociale idéalisée, reflet inversé de la vie sociale réelle, et qu'il faut à son tour inverser, transformant le travail aliéné en travail « passionné » comme chez Fourier. La fantasmagorie peut être inversée en rêve de la société sans classes guidant le mouvement social.

l'origine sous le pas du chiffonnier

Lorsqu'il traite de problèmes aussi volatils que les rêves collectifs, et qu'il les met en rapport avec un type particulier de structure sociale, Walter Benjamin n'oublie jamais l'origine économique des phénomènes. Mais l'« économie » (*Wirtschaft*) ne renvoie pas seulement au fétichisme, dont il parcourt la genèse chez Marx. Elle est aussi

« gestion » raisonnable de la nature et « auberge » accueillante pour tous les hommes ; réel et utopie.

> C'est l'image d'une terre sur laquelle chaque endroit est devenu une "économie" (*Wirtschaft*). Le double sens du mot [à la fois "gestion" et "auberge"] s'épanouit ici : chaque endroit est travaillé par l'homme, est rendu par lui utile et beau. Mais tous sont ouverts à tous, comme une auberge sur la route. Une terre cultivée selon cette image cesserait d'être une partie "d'un monde où l'action n'est pas la sœur du rêve". Elle serait un lieu où l'action est la sœur du rêve [1].

C'est ainsi parce que l'origine de la superstructure provient justement de la *poussée* des forces productives, de leur désir, qui se réalisera, comme on sait, dans la société sans classes. C'est cela, la ruse de l'histoire, et elle se trouve disséminée dans tous les monuments de la vie quotidienne sous la forme de l'utopie.

Le terme d'économie ne tient pas seulement au procès de la valeur, mais aussi au machinisme, autrement dit à l'origine « anthropologique » de toute création, dans les forces de l'attraction universelle. C'est ainsi qu'il faut comprendre la recherche de l'origine qui fonde le travail sur les passages :

> Il m'est apparu très nettement, en étudiant la présentation par Simmel du concept de vérité chez Goethe, que mon concept d'origine dans le livre sur le drame baroque est une transposition rigoureuse et concluante de ce concept de Goethe du domaine de la nature dans celui de l'histoire. L'origine – c'est le concept de phénomène originaire [*Urphänomen*] détaché du contexte païen de la nature et introduit dans les contextes juifs de l'histoire. Or, j'entreprends aussi dans le travail sur les passages une recherche de l'origine. Je m'attache en effet à retrouver l'origine des formations [*Gestaltungen*] et des transformations des passages parisiens, de leur venue [*Aufgang*] à leur disparition [*Untergang*], et je la trouve dans les faits économiques [*wirtschaftlichen Fakten*]. Ces faits, considérés du point de vue de la causalité, donc comme des causes [*Ursachen*], ne seraient pas des phénomènes originaires ; ils ne le deviennent que lorsqu'ils laissent apparaître dans leur propre développement spécifique

1. PW, p. 455-456 (J75,2) [LP, p. 376-377].

– déploiement serait un terme plus approprié – la succession des formes historiques concrètes des passages, comme la feuille en s'ouvrant déploie toute la richesse empirique du monde végétal [1].

Encore une fois, le philosophe substitue à la notion de causalité l'idée de déploiement originaire, corrige le matérialisme « dialectique » causaliste par un matérialisme « anthropologique ». Les « faits économiques » sont en effet doubles ici. Ils correspondent :

1. Au machinisme, et donc aussi aux « formes tectoniques » qui se rapportent à la thématique de l'émancipation
2. Au fétichisme de la marchandise qui ouvre la porte aux fantasmagories, ces « masques historicisants »

Dès le début des exposés de 1935 et 1939, Benjamin expose les « faits économiques » qui ont provoqué la « venue » [2] des passages : premièrement, l'expansion du commerce des tissus qui oblige à constituer des stocks considérables ; deuxièmement, les débuts de la construction en fer. Ainsi, la poussée des forces productives liée à la concentration du capital, la forme moderne du machinisme, dans les deux cas, provoque l'apparition des passages, nés de l'industrie du fer et qui permettent d'entreposer plus de marchandises qu'auparavant. Cependant, cette origine économique des passages disparaît derrière la mise en scène d'un univers fantasmagorique. Derrière toute fantasmagorie se dévoile ainsi une pression économique qui pousse elle-même au déploiement, de la même manière que la beauté de la feuille dépend de son besoin de se tourner vers le soleil et de recueillir la rosée. Cette beauté ne fait que masquer la nécessité. Tout au long du XIXᵉ siècle, les forces productives (nouvelles techniques, mais aussi masse des travailleurs) mues par une concentration inégalée du capital, bouleversent les rapports de production. Cela pousse au déploiement des fantasmagories.

---

1. PW, p. 577 (N2a, 4) [LP, p. 479, trad. modifiée].
2. La version allemande dit *Aufkommen* (dans la trad. française : apparition), ce qui rappelle le *Aufgang* ci-dessus (dans la trad. française : apparition). *Exposé de 1935*, PW, p. 45 [LP, p. 35]. *Ibid.* pour ce qui suit.

Si le capital met en scène un monde renversé, alors il faut renverser le renversement : voilà le but de toute entreprise de désaliénation, de déréification. Renverser le renversement, c'est aussi réaliser le rêve, transformer le faux en vrai. C'est aussi l'objectif de Benjamin, qui cherche à retrouver l'origine économique véritable des passages, non pas dans l'échangisme, mais dans le machinisme, soit le principe mécanique émancipateur mis en branle comme dans un jeu de la technique avec la nature, et que Fourier, attentif à ce pandynamisme, veut étendre à la société.

Walter Benjamin plonge au cœur des fantasmagories et traverse la croûte du fétichisme pour saisir le point où se rencontrent le machinisme et le matérialisme anthropologique, d'où naissent les images utopiques. Dans les traits de la fantasmagorie, il cherche la ride de l'espoir. Il s'attache aux différentes formes que peut revêtir la marchandise pour se déguiser et, dans le déguisement même, perçoit l'expression de la vie élémentaire et d'une société véritable.

chapitre 3
fantasmagories de l'histoire

L'urbanisme haussmannien, avec ses perspectives rassurantes, refoule lui aussi les conflits entre travail et capital. Ceux-ci apparaissent pourtant dans le contraste entre la misère des ouvriers parisiens et le faste de l'impérialisme napoléonien qui favorise l'empire de la finance. Cette « fantasmagorie de la civilisation », que Benjamin voit exprimée dans les rues de Paris, cherche à masquer cet état de fait, jusqu'au soubresaut de la Commune. Fantasmagorie de la civilisation et théorie de l'éternel retour participent aux fantasmagories de l'histoire.

les boulevards haussmanniens
la soif de perspectives

« La perspective peinte sur la scène de l'opéra au musée Grévin est un des témoignages les plus impressionnants de cette soif inextinguible de perspectives dont l'époque était possédée », écrit Benjamin[1]. Même la crinoline, avec ses volants qui dissimulent, tels des poupées russes, cinq ou six jupons, possède un « caractère perspectiviste »[2]. « L'idéal d'urbaniste d'Haussmann », écrit Benjamin, ce sont précisément « les perspectives sur lesquelles s'ouvrent de longues enfilades de rue »[3].

La loi des perspectives repose en puissance dans les fantasmagories de l'intérieur. Ces dernières composaient avec des perspectives « étouffées », note Benjamin. Les passages eux-mêmes, à l'heure de leur agonie, au début du XXᵉ siècle, ressemblaient aux yeux du philosophe à des tableaux aux perspectives étouffées : ils manquaient d'air. Alors que la peluche incarnait « la matière par excellence de la

1. PW, p. 181 (E1,9) [LP, p. 147].
2. PW, p. 179 (E1,2) [LP, p. 145].
3. *Exposé de 1939*, PW, p. 73-74 [LP, p. 57].

période Louis-Philippe », la perspective haussmannienne représente de la « peluche pour l'œil »[1]. Benjamin note dans un livre sur la mode que, même à l'époque Biedermeier (1815-1848), les rideaux aux draperies raffinées, composés généralement de plusieurs châles colorés, qui représentent l'art de l'ameublement le plus avancé, forment « comme une perspective qui s'ouvre de l'intérieur vers la fenêtre »[2]. Après le rococo, le monde antiquisant du Premier Empire est suivi du « monde étouffant de la peluche » associé aux fleurs dans l'intérieur orléaniste. Le Second Empire se caractérise, lui, par un emploi systématique de la colonne de style corinthien. Le percement massif de perspectives agrémentées de colonnes antiques transforme Paris en monument du despotisme. Benjamin relève le témoignage d'un contemporain : « Chaque pierre porte le signe du pouvoir despotique et la pompe qui règne pourtant rend l'atmosphère, au vrai sens du terme, lourde et accablante [...] On a le vertige dans ce faste nouveau, on étouffe, on cherche, angoissé, un peu d'air et la hâte fiévreuse avec laquelle l'œuvre de plusieurs siècles est accomplie en une seule décennie oppresse. »[3]

Les perspectives transpercent la ville, délogent la multitude et découpent les quartiers vivants du vieux Paris en morceaux inertes. Le régime veut oublier le mauvais souvenir d'une population parisienne inquiétante. Les perspectives tirent un trait de marbre sur Lutèce. La ville devient fossilisée, naturalisée, vidée de toute expérience historique. Benjamin recopie les *Lamentations d'un Jérémie haussmannisé* :

> Tu vivras pour voir la ville désolée et morne. Ta gloire sera grande pour ceux de l'avenir qu'on appelle archéologues, mais les derniers jours de ta vie seront tristes et empoisonnés. [...] Et le cœur de la ville se refroidira lentement. Les lézards, les chiens errants, les rats régneront en maîtres sur ces magnificences. Les injures du temps s'accumuleront sur l'or des balcons, sur les peintures murales. [...] Et la Solitude, la longue déesse

1. PW, p. 181 (E1,7) [LP, p. 146].
2. Max von Boehn, *Die Mode im xix. Jahrhundert*, Munich, 1907, cité *in* PW, p. 179 (E1,1) [LP, p. 145].
3. Cité *in* PW, p. 185 (E2a, 31) [LP, p. 150].

des déserts viendra s'asseoir sur cet empire nouveau que tu lui auras fait par un formidable labeur [1].

Le Second Empire détruit le vieux Paris aux cent quartiers et aux milles ambiances pour une ville fastueuse qui célèbre un présent permanent, celui de la pérennité de Napoléon III. L'ouvrage d'Haussmann parachève ainsi « le mépris de l'expérience historique », comme le notent de nombreux contemporains. Haussmann est maître de la *tabula rasa*. Il trace « une ville artificielle, comme au Canada ou au Far West ». Benjamin s'appuie sur Lucien Dubech et Pierre d'Espezel, qui se font les contempteurs de « l'artiste démolisseur » : ses voies n'ont « pas souvent d'utilité », et « jamais de beauté ». Elles s'imposent comme « des percées surprenantes qui partent de n'importe où pour aboutir nulle part en renversant tout sur son passage, alors qu'il eût suffi de les infléchir pour conserver des souvenirs précieux » [2].

Ces percées expriment au fond l'impérialisme napoléonien qui, victorieux, cherche à oublier totalement les effets et les causes des révolutions et des contre-révolutions. Il refoule lui-même d'où il vient et où il va, enfouissant sous sa frénésie de perspectives et de fastes la teneur historique véritable de l'expérience. Il déracine le Parisien. Victor Fournel présente, de manière « remarquable » pour Benjamin, les méfaits d'Haussmann :

> Du faubourg Saint-Germain au faubourg Saint-Honoré, du pays latin aux environs du Palais-Royal, du faubourg Saint-Denis à la Chaussée-d'Antin, du boulevard des Italiens au boulevard du Temple, il semblait que l'on passât d'un continent dans un autre. Tout cela formait dans la capitale comme autant de petites villes distinctes, – villes de l'étude, ville du commerce, ville du luxe, ville de la retraite, ville du mouvement et du plaisir populaires, – et pourtant rattachées les unes aux autres par une foule de nuances et de transitions. Voilà ce qu'on est en train d'effacer […] en perçant partout la même rue géométrique et rectiligne, qui

1. *Paris désert. Lamentations d'un Jérémie haussmannisé*, Paris, 1868, cité *in* PW, p. 190 (E4,2) [LP, p. 154].
2. Lucien Dubech et Pierre D'Espezel, *Histoire de Paris*, Paris, 1926, cité *in* PW, p. 193 (E5a, 1) [LP, p. 156-157].

> prolonge dans une perspective d'une lieue ses rangées de maisons, toujours les mêmes[1].

Comme dans les usines, l'objet unique se voit peu à peu remplacé par un « toujours le même ». La perspective haussmannienne reste, comme l'existence dans l'éternel retour de Nietzsche, « privée de sens et de but, mais se répétant inéluctablement, sans finale dans le néant »[2].

Haussmann « partit en guerre contre la ville de rêve que Paris était encore en 1860 », note Benjamin à partir des mémoires du préfet de la Seine : « Il y avait des montagnes dans Paris ; il y en avait même sur les Boulevards […] Nous manquions d'eau, de marchés, de lumière, dans ces temps reculés, qui ne sont pas encore à trente ans de nous. Quelques becs de gaz seulement commençaient à se montrer. Nous manquions aussi d'Églises. Parmi les plus anciennes et même parmi les plus belles, plusieurs servaient de magasins, ou de casernes, ou de bureaux. Les autres étaient masquées par toute une végétation de masures croulantes. »[3] Le vieux Paris, le Paris « ville de rêve », doit s'effacer devant le Paris des perspectives conquérantes et du présent permanent.

l'anoblissement mensonger de la technique

Benjamin note qu'en exergue d'un chapitre intitulé « L'autonomie architecturale », l'historien de l'architecture Emil Kaufmann inscrit la maxime suivante du *Contrat social* de Rousseau : une forme « par laquelle chacun s'unissant à tous n'obéi[t] pourtant qu'à lui-même et reste aussi libre qu'auparavant. – Tel est le problème fondamental dont le contrat social donne la solution. »[4] Et justement, dans

---

1. Victor Fournel, *Paris nouveau et Paris futur*, Paris, 1868, cité *in* PW, p. 208 (E12a, 4) [LP, p. 169].

2. Cité *in* PW, p 173 (D8,1) [LP, p. 140].

3. *Mémoires du Baron Haussmann*, II, Paris, 1890, extraits de 1882 cités dans l'article de Jules Simon dans *Le Gaulois*, mai 1882, cité *in* PW, p. 187 (E3,2) [LP, p. 151].

4. Emil Kaufmann, *Von Ledoux bis Le Corbusier*, Vienne-Leipzig, 1933, cité *in* PW, p. 204 (E10a, 6) [LP, p. 166].

l'architecture de la « révolution » de Ledoux (architecture utopique qui inspire Fourier) la « forme » recherchée vient « de l'intérieur » : un développement de soi qui ne souffre d'aucun masque venu de l'extérieur, artificiellement plaqué sur elle. Elle s'oppose au principe féodal de la contre-révolution, à la recherche de l'effet théâtral et à l'art baroque des perspectives. Le renoncement à l'effet pittoresque a son équivalent architectural dans le renoncement à l'art prospectif, dont témoigne la diffusion soudaine de la silhouette. Gravure sur acier et sur bois « refoulaient » le *mezzotinto* de l'âge baroque. Benjamin peut dire avec Kaufmann que le « principe autonome » demeure encore vivace « dans les premières décennies qui suivent l'architecture de la Révolution », mais qu'il « s'affaiblit de plus en plus avec le temps, régresse ensuite jusqu'à devenir méconnaissable au cours du XIXe siècle »[1].

« Le goût d'Haussmann pour les perspectives représente une tentative pour *imposer des formes d'art à la technique* (urbanistique) », note Benjamin[2], qui ajoute : « cela conduit toujours au kitsch. » L'idéal perspectiviste d'Haussmann correspond « à la tendance courante au XIXe siècle à anoblir les nécessités techniques par de pseudo-fins artistiques »[3]. Le « principe autonome » régresse contre l'art des perspectives. Il évoque la « forme tectonique » du modern style, ou encore le « principe machinique » de Fourier, tous deux liés à un processus d'émancipation né au sein du matérialisme anthropologique dans la loi d'attraction universelle. Les bâtiments d'Haussmann forment la « représentation parfaitement adéquate des principes de gouvernement de l'Empire autoritaire ». Ils répriment « toute organisation individuelle », « tout développement organique de soi »[4] au profit d'« une sorte d'éternité massive ». Benjamin :

1. Emil Kaufmann, *Von Ledoux bis Le Corbusier*, Vienne-Leipzig, 1933, cité *in* PW, p. 204 (E11,1) [LP, p. 166].

2. PW, p. 186 (E2a, 7) [LP, p. 151]. C'est moi qui souligne.

3. *Exposé de 1939*, PW, p. 73-74 [LP, p. 57].

4. J. J. Honegger, *Grundsteine einer allgemeinen Kulturgeschichte der neuesten Zeit*, Leipzig, 1874, cité *in* PW, p. 181 (E1a, 1) [LP, p. 147].

Les temples du pouvoir spirituel et séculier de la bourgeoisie devaient trouver leur apothéose dans le cadre des enfilades de rues. On dissimulait ces perspectives avant l'inauguration par une toile que l'on soulevait comme on dévoile un monument et la vue s'ouvrait alors sur une église, une gare, une statue équestre ou quelque autre symbole de civilisation. Dans l'haussmannisation de Paris la fantasmagorie s'est faite pierre [1].

La fantasmagorie de la civilisation que représente l'haussmannisation de Paris se résume à une enfilade de rue débouchant sur un symbole de civilisation sorti de son contexte, en rapport avec la seule perspective sans histoire. Encore une fois, la valeur d'usage (usages traditionnels de la ville, vie de quartier, rituels des places) a succombé à la valeur d'échange (on investit dans la ville, par les montages financiers novateurs d'Haussmann, pour faire plus d'argent encore), qui elle-même s'efface derrière la valeur d'exposition, derrière une fantasmagorie : celle de la liaison entre eux, par les perspectives, des monuments de la civilisation. Églises, gares et statues ne renvoient pas à l'histoire de l'Église, de l'industrie ou des batailles historiques, mais au sommet de la civilisation que la ville représente dans la fin de l'histoire, un peu comme dans les musées qui naissent à la même époque.

On reconnaît bien là la tentative de « styliser » les formes techniques comme dans les fantasmagories de l'intérieur, de l'ornementer, de lui donner un « genre historique » comme dans le modern style, de plaquer sur elles des « masques historicisants » comme dans la construction en fer et en verre, d'étouffer le « principe constructeur » propre au pandynamisme du matérialisme anthropologique par des voiles, des masques ou des perspectives. Ces voiles, masques et perspectives empêchent la visibilité de l'expérience historique concrète, misérable, de la multitude au XIXe siècle, et interdisent du même coup que surgisse une existence véritable, passionnée, telle que l'ont rêvée Fourier et les tenants du « matérialisme anthropologique ».

---

1. *Exposé de 1939*, PW, p. 73-74 [LP, p. 57].

l'« embellissement stratégique »

Haussmann reprend le « A nous deux maintenant! » de Rastignac devant le plan de Paris [1]. Le baron oppose à la cité innombrable le héros légendaire qui va la conquérir, selon la structure mythique propre à Paris qu'a analysée Roger Caillois et que cite Benjamin [2]. Le mythe babylonien structure la fantasmagorie parisienne de la civilisation.

Il faut ordonner Paris. D'après Maxime Du Camp, un témoin important que cite Benjamin, la capitale est devenue, au milieu du XIXe siècle, inhabitable, avec des ruelles étouffantes, sales et peu pratiques [3]. Le philosophe note chez un biographe d'Haussmann que les nouvelles artères décongestionnent les gares. D'autres balaient la misère et les foyers d'épidémie. D'autres encore percent les centres émeutiers des quartiers populaires [4]. Pour Benjamin, Haussmann voulait surtout « s'assurer contre l'éventualité d'une guerre civile. Il voulait rendre impossible à tout jamais la construction de barricades dans les rues de Paris ». Hanté par le souvenir des 6 000 barricades de 1830, le gouvernement de la monarchie de Juillet avait déjà cherché à introduire des pavés de bois dans Paris. Les nouvelles perspectives de la capitale haussmannienne doivent pouvoir empêcher « la tactique habituelle des insurrections locales », et cela de deux manières : par la largeur des boulevards, qui empêche leur construction, et par des voies stratégiques, qui relient les casernes aux faubourgs ouvriers. Les nouveaux boulevards visent à encercler les quartiers populaires, et à faciliter le tir au canon. C'est, comme le disent les contemporains, « l'embellissement stratégique » [5]. L'air vivifiant et hygiénique est aussi celui de la force armée du second Empire, qui circule du gouvernement aux casernes, et des casernes aux faubourgs.

1. PW, p. 207 (E12,3) [LP, p. 168].
2. Roger Caillois, *Le mythe et l'homme*, Paris, Gallimard, 1938, p. 158-159.
3. Maxime Du Camp, *Paris. Ses organes, ses fonctions et sa vie dans la seconde moitié du xixe siècle*, Paris, 1869, cité *in* PW, p. 181-182 (E1a, 3) [LP, p. 147].
4. Georges Laronze, *Le Baron Haussmann*, Paris, 1932, cité *in* PW, p. 188-189 (E3a, 3) [LP, p. 153].
5. *Exposé de 1939*, PW, p. 73 [LP, p. 57].

Fritz Stahl, dans un article intitulé « Paris. Une ville comme œuvre d'art » (1929) auquel s'intéresse le philosophe, fait un plaidoyer à la gloire d'Haussmann. Le préfet de la Seine est l'un des premiers, selon lui, à considérer la ville comme un tout, et à remettre donc l'urbanisme au goût du jour. Il réinvente le plan d'ensemble sans tenir compte de l'ancien tracé des rues. Cet « urbaniste génial de l'époque moderne » contribue ainsi « indirectement à la création de toutes les métropoles américaines », se réjouit Stahl. Haussmann serait parmi les premiers à faire cohabiter vieille ville et ville nouvelle plutôt que de les opposer ; il aurait transformé la ville en « un ensemble dont l'unité est manifeste ». Pour Benjamin, cet achèvement de Paris comme « œuvre d'art » va de pair avec les fastes du régime napoléonien. Le philosophe documente cette dimension : en l'honneur de Napoléon III, Haussmann orne les Champs-Élysées de 124 arcades reposant sur une double rangée de colonnes de la place de la Concorde à l'Étoile. Cela tient d'« une réminiscence », s'exclame *Le Constitutionnel*, « de Cordoue et de l'Alhambra »[1] !

Les fantasmagories de l'intérieur de Louis-Philippe, qui animent ensuite les Expositions universelles, sont, avec Haussmann, enfin parvenues dans la rue, dans les pompes du régime impérial glorifié par le mobilier urbain. Paris est devenue une œuvre d'art, Napoléon le sujet principal et Haussmann l'artiste, qui enflamme l'imagination des écrivains : « quand l'empereur [...] entre dans sa capitale, au galop des cinquante chevaux de sa voiture, de la porte de Paris à son Louvre, il s'arrête sous deux mille arcs de triomphe ; il passe devant cinquante colosses édifiés à sa ressemblance [...] et cette idolâtrie des sujets pour le souverain consterne les derniers dévots, qui se souviennent que leurs idoles n'ont jamais reçu de tels hommages »[2].

Les promenades du dimanche se font au pas des prisonniers autrichiens qui défilent au retour de la guerre d'Italie, et le triomphe

1. Georges Laronze, *Le Baron Haussmann*, Paris, 1932, cité *in* PW, p. 188-189 (E3a, 3) [LP, p. 153].

2. Arsène Houssaye, « Le Paris futur », *Paris et les Parisiens au xixe siècle*, Paris, 1856, cité *in* PW, p. 199 (E8,7) [LP, p. 161-162].

de l'Empire se remarque à l'animation de ses terrasses de café, ses bals, et ses concerts, une fête perpétuelle que symbolise l'opérette d'Offenbach. Cet amusement constant sur les boulevards luxueux, cette vie de plaisir, de théâtre et de turf, forme pour le philosophe « les fantasmagories de la vie parisienne ». Mais la déroute de l'expédition mexicaine lancée par un Napoléon mégalomane trouble la fête de l'Exposition universelle de 1867. L'Empire tire certes un profit exponentiel des conditions économiques modernes, du machinisme, des chemins de fer et du développement industriel, mais son goût du luxe et des bacchanales devient morbide. La mode qui se développe alors « accouple le corps vivant au monde inorganique. Vis-à-vis du vivant elle défend les droits du cadavre. » [1] Les fêtes de l'Empire sont comme saisies d'une compulsion de répétition qui l'éloignent toujours plus de la réalité, et semblent à tout moment pouvoir s'abîmer dans une pulsion morbide.

« Il n'est pas de symptôme plus lugubre de la décadence », recopie justement Benjamin chez Blanqui. « À mesure que Rome tombait en agonie, ses monuments surgissaient plus nombreux et plus gigantesques. Elle bâtissait son sépulcre et se faisait belle pour mourir. » [2] Le philosophe allemand s'intéresse beaucoup à ce révolutionnaire qui veut porter le coup de grâce à l'Empire et installer enfin la République.

Déjà Rattier, dans une utopie urbaine parfois effrayante dont Benjamin reprend des extraits, attribue à son « faux Paris » un « système de viabilité, unique et simple qui relie géométriquement et parallèlement toutes les artères du faux Paris à un seul cœur, le cœur des tuileries, admirable méthode de défense et de maintien de l'ordre » [3]. Or c'est bien ce qui se passe avec les travaux d'Haussmann, qui, selon Fournel, « transplantent le boulevard des Italiens en pleine montagne

1. *Exposé de 1939*, PW, p. 66 [LP, p. 51-52].
2. Auguste Blanqui, *Critique sociale*, Paris, 1885, cité *in* PW, p. 205-206 (E11a, 1) [LP, p. 167]. *Idem* pour les citations suivantes.
3. Paul-Ernest de Rattier, *Paris n'existe pas*, Paris, 1857, cité *in* PW, p. 198 (E7a, 4) [LP, p. 161].

Sainte-Geneviève, comme l'écrit un autre observateur, avec autant d'utilité et de fruit qu'une fleur de bal dans une forêt, et créent des rues de Rivoli dans la Cité qui n'en a que faire, en attendant que ce berceau de la capitale, démoli tout entier, ne renferme plus qu'une caserne, une église, un hôpital et un palais. »[1] Dans leurs critiques, Victor Hugo et Prosper Mérimée expriment le sentiment des Parisiens qui voient ces transformations « comme un monument du despotisme napoléonien ». Les habitants commencent « à prendre conscience du caractère inhumain de la grande ville »[2]. Haussmann veut réduire Paris à un seul cœur policier et administratif.

C'est la fantasmagorie de la civilisation : la destruction de toute historicité, de toute humanité créatrice dans l'objet, dans le quartier, dans la ville, au profit des symboles d'un pouvoir arrêté dans le temps. L'incendie de Paris lors de la guerre contre la Prusse en 1870, « est le digne achèvement de l'œuvre de destruction du baron Haussmann »[3], note Benjamin lapidaire. Ou encore, avec une allusion au massacre de Guernica, autrement dit à la fin d'une période d'échec révolutionnaire s'étendant de la Commune de Paris à la Russie, à l'Allemagne puis à l'Espagne de mai 1937 : « l'œuvre d'Haussmann est aujourd'hui accomplie, comme le montre la guerre d'Espagne, avec des moyens tout à fait différents »[4].

classes dangereuses

L'aménagement haussmannien a son utilité stratégique : empêcher les combats de barricades ; sa structure mythique : fêter des héros légendaires, célébrer un Empire éternel ; et sa fonction d'oubli de l'expérience historique. Il pousse aussi à la formation d'un prolétariat du bâtiment, dépendant du gouvernement de Napoléon III.

Pour ouvrir ces rues, il faut en effet faire précisément appel à cette « population instable » qu'épingle Haussmann, qui « va constamment

1. Victor Fournel, *Paris nouveau et Paris futur*, Paris, 1868, cité *in* PW, p. 208 (E13,1) [LP, p. 169].
2. *Exposé de 1939*, PW, p. 73 [LP, p. 56-57].
3. *Exposé de 1939*, PW, p. 74 [LP, p. 58].
4. PW, p. 208 (E13,2) [LP, p. 169].

en augmentant du fait de ses entreprises », remarque Benjamin. La hausse des loyers chasse le prolétariat dans les faubourgs. Par là les quartiers de Paris perdent leur physionomie propre. La « ceinture rouge » se constitue. »[1] Les ruelles et impasses scandaleuses disparaissent, mais renaissent quelques encablures plus loin. Le prolétariat est cantonné dans les banlieues « rouges », appauvri par l'augmentation des loyers. Benjamin cite un député indépendant, le comte de Durfort-Civrac, qui objecte que « ces artères nouvelles, qui devaient faciliter la répression des émeutes, en favoriseraient aussi la naissance, parce qu'il faudrait, pour les percer, concentrer une masse ouvrière »[2]. Voici le paradoxe de l'urbanisation haussmannienne, qui cherche à éviter de nouvelles émeutes : elle crée un prolétariat du bâtiment qu'elle empêche de vivre là où il travaille, ou alors dans des conditions misérables qui poussent inévitablement à la révolte.

Les théories socialistes réapparaissent, plus scientifiques que jamais. Les idées scientifiques et rationalistes des Lumières s'affirment à nouveau contre les conceptions déistes et religieuses, par le biais de livres, de revues et de polémiques. L'ivresse et les illusions ont laissé la place à la science et au rationalisme. En littérature, le romantisme sentimental a cédé à un réalisme implacable. Les *Misérables* se sont substitués aux *Orientales*. Benjamin note chez Geoffroy, dont il admire la monographie de Blanqui : « On se disait volontiers, alors, athée, matérialiste, positiviste, et le républicain vaguement religiosâtre ou nettement catholique de 1848 devint une anomalie, une curiosité. »[3] Opposé aux conceptions déistes et chrétiennes de Barbès, le vieux Blanqui, longtemps ostracisé, se retrouve sur la même longueur d'onde que les jeunes républicains athées. Dans l'ombre des perspectives fastueuses du régime impérial, avec la science, la prudence et le réalisme d'un conspirateur italien de la Renaissance (il lit alors Machiavel), le Paris de la Révolution et de la République se réveille et avance.

---

1. *Exposé de 1939*, PW, p. 72-73 [LP, p. 56].
2. Chez Georges Laronze, *Le Baron Haussmann*, Paris, 1932, cité *in* PW, p. 189 (E3a, 4) [LP, p. 153].
3. Gustave Geffroy, *Blanqui l'enfermé*, Paris, 1926, p. 66.

En 1868, *La Lanterne*, le journal d'Henri Rochefort, attaque vigoureusement l'Empire, malgré les condamnations. La même année, Blanqui répond, avec son *Instruction pour une prise d'armes*, portant sur le combat des barricades dans un Paris haussmannisé, aux *Dialogues sur l'Art de la guerre* de Machiavel. L'année suivante, le révolutionnaire rédige *Capital et Travail*, une analyse d'économie politique des conditions modernes d'exploitation et d'oppression. La théorie savante de la Révolution et de ses raisons était née, prête à être appliquée. Le 12 janvier 1870, jour de l'enterrement de Victor Noir, assassiné par Pierre Bonaparte (le frère de l'empereur), Blanqui fait défiler son armée secrète devant lui, sans que personne ne se doute de rien. La tentative d'insurrection n'a cependant pas lieu ce jour-là, mais le 14 août. Un certain nombre d'affiliés poussent Blanqui à donner le signal, arguant que la population parisienne est prête. D'autres protestent : d'ici peu, elle va être armée par la Garde nationale, mieux vaut attendre. Le chef finit par suivre ses soldats et organise l'insurrection pour le 14 août 1870, en plein quartier révolutionnaire, à Belleville et la Villette. Mais la caserne visée résiste. Les soldats ne se laissent pas convaincre, des sergents de la ville accourent pour la défendre. Blanqui n'a pas recours à la violence et part avec ses troupes en criant : « Vive la République ! Mort aux Prussiens ! Aux armes ! » sous les yeux craintifs de la foule qu'ils espèrent émouvoir. Le mouvement populaire n'a pas pris. Il faut s'enfuir avant que les sergents de la ville ne reviennent à la charge plus nombreux. Seuls sont arrêtés des innocents, les badauds stupéfiés, maintenant condamnés à mort, à la déportation ou à la réclusion pour l'exemple. Ils n'ont pas même le temps d'être exécutés : quelques jours après et grâce à un sursis, l'armée de Napoléon est écrasée à Sedan. Le 4 septembre, une République de défense nationale (renommée « de défection nationale » par Marx) est proclamée. Cette République se rangera aux côtés de Bismarck, contre les Parisiens qui résistent et l'autonomie communale. L'heure n'est pas encore venue. Pour le mouvement social étouffé par les fastes de l'Empire et les perspectives fantasmagoriques d'Haussmann, il est ou trop tôt, ou trop tard.

la borne maudite

« Les puissants veulent maintenir leur position par le sang (la police), par la ruse (la mode), par la magie (le faste) », écrit Benjamin [1]. La mode : ce mélange de toujours-ancien et de faux-nouveau qui fait fureur aux Expositions universelles, et qui, par ruse, permet de maintenir un vieil ordre social en subjuguant la masse par des images d'un monde meilleur. Le faste : Napoléon III se promenant avec ses cinquante chevaux dans un Paris mis en perspectives par Haussmann sous 2 000 arcs de triomphes, symbole de la civilisation. La police : Louis Napoléon l'a installée dès le début de son régime. Et avec l'écrasement de la Commune, le sang coule à nouveau.

Mais, pour Walter Benjamin, la Commune a ouvert une brèche dans les fantasmagories. « De même que le *Manifeste communiste* clôt l'ère des conspirateurs professionnels, de même la Commune met un terme à la fantasmagorie qui domine les premières aspirations du prolétariat. » [2] Le prolétariat a fini par voir que la bourgeoisie représente son adversaire, organisé contre lui depuis 40 ans déjà. Comme Courbet l'a demandé le 14 septembre 1870, la Commune a pris la décision, le 16 mai 1871, de faire abattre la colonne Vendôme, « symbole du despotisme » [3]. Benjamin remarque aussi « le projet d'une Borne maudite qui devait être élevée à l'angle d'une place dont le centre eût été occupé par un monument aux morts ».

> Toutes les personnalités officielles du Second Empire sont (dans le projet) représentées sur cette borne. Même le nom d'Haussmann y figure. Cela devait être une façon d'écrire une "histoire infernale" du régime. Mais l'on songea à remonter jusqu'à Napoléon 1 er, "le scélérat de Brumaire, chef de cette race maudite de bohémiens couronnés que nous a vomie la Corse, de cette lignée fatale de bâtards à ne

1. PW, p. 194 (E5a, 7) [LP, p. 157].

2. *Exposé de 1939*, p. 74 [LP, p. 58].

3. Courbet fit d'ailleurs la caricature de cet événement en se représentant sur une colonne brisée avec cette simple légende : « Actualité ». BNF, Cabinet des Estampes, cité *in* PW, p. 952 (k2a, 5) [LP, p. 791]. *Cf.* illustration 16.

plus s'y reconnaître". Ce projet, imprimé sous la forme d'une affiche, est daté du 15 avril 1871 [1].

Contrairement aux perspectives d'Haussmann, la Commune ne tend pas à oublier l'histoire. Ses représentants ne succombent pas à l'éclat fantasmagorique des marchandises, du pouvoir ou de l'argent [2]. Au contraire, elle veut se rappeler d'où elle a surgi, ce contre quoi elle combat et ce pour quoi elle lutte. Elle est consciente de l'« histoire infernale » des puissants, qui répète Monarchies, Empires et Républiques en continuant d'opprimer le peuple.

Sur le plan concret, le contraire du fétichisme et, partant, de la fantasmagorie, c'est l'action révolutionnaire. Ce qui s'oppose à la fantasmagorie, ce sont les revendications ouvrières et, surtout, la barricade. Si les rapports des délégations des travailleurs sont « moins équivoques » que les fantasmagories hugoliennes, la barricade dissipe bien plus radicalement la fantasmagorie. Cette dernière qui domine les premiers combats politiques des ouvriers, disparaît avec la Commune. Le prolétariat doit-il achever 1789 main dans la main avec la bourgeoisie? Avec la Commune, cette ultime illusion se dissout. La chimère avait accompagné le mouvement social depuis les révoltes de Lyon en 1831. Elle n'a jamais convaincu la bourgeoisie, mais elle calme les ouvriers. La fantasmagorie est donc liquidée quand la guerre des classes apparaît en plein jour. L'antithèse de la fantasmagorie, c'est la classe opprimée *lorsqu'elle entre en lutte*. « Les classes révolutionnaires ont, au moment de leur entrée en scène, une conscience plus ou moins nette de saper par leur action le temps homogène de l'histoire. » [3] Chez Benjamin, le véritable sujet de la connaissance historique est, aux antipodes des fantasmagories, la classe opprimée lorsqu'elle entre en lutte contre ses oppresseurs.

---

1. Exposition de la Commune de Paris, mairie de Saint-Denis, cité *in* PW, p. 951 (k2,1) [LP, p. 790].

2. PW, p. 866 (a7a, 2) [LP, p. 721].

3. *Sur le concept d'histoire*, EF, p. 345.

éternel retour

Pendant la Commune de Paris, Blanqui reste emprisonné au fort du Taureau. Ancrée sur un îlot de la baie de Morlaix, dans le Finistère, cette citadelle avait été transformée en prison d'État par Louis XIV. Dans cette forteresse bordée d'eau, alors qu'il se trouve sous étroite surveillance et qu'il ne peut parler à personne, le révolutionnaire développe une théorie astronomique dérivée des théories de Laplace : il s'évade à dos d'hypothèse astronomique, *L'éternité par les astres*.

Benjamin ne considère pas ce livre comme une hypothèse scientifique, plutôt comme une échappée poétique qui « parachève la constellation des fantasmagories du siècle par une dernière fantasmagorie, à caractère cosmique, qui comprend implicitement la critique la plus acerbe de toutes les autres » [1]. Une vision de l'éternel retour semblable à celle de Nietzsche, mais avec une « extrême puissance d'hallucination » [2]. Cette hypothèse élève les masques historicisants et naturalisants de toutes les fantasmagories précédentes au plan cosmique. Elle révèle la fantasmagorie de l'histoire elle-même, fantasmagorie de l'ancien et du nouveau, idéologie du progrès, perpétuation de l'ancien ordre social allié à l'arrivage perpétuel de « nouveautés » sur le marché. Elle constitue l'autre face de la fantasmagorie du progrès sur la fausse monnaie de la dialectique du temps historique, une fausse synthèse du passé et du présent. Benjamin oppose une synthèse véritable à cette conscience mythique.

infini

Partant de l'astronomie de Laplace, le texte de Blanqui déploie une vision mécaniste du monde d'où découle la thématique de la répétition du même. Benjamin note qu'il existe de ce point de vue une « analogie entre Engels et Blanqui, qui se tournent l'un et l'autre tardivement vers les sciences de la nature » [3]. Il remarque aussi, dans cette adhésion à une vision mécaniste du monde, une analogie entre

1. *Exposé de 1939*, PW, p. 75 [LP, p. 58].
2. *Exposé de 1939*, PW, p. 75 [LP, p. 59].
3. PW, p 173 (D8,8) [LP, p. 140].

Blanqui et Nietzsche. Ce dernier fonde sa doctrine de l'éternel retour sur les mêmes présupposés savants, la même conception mécaniste du monde, bien qu'il la considère comme une hypothèse « incomplète et seulement provisoire » [1]. L'hypothèse de Blanqui est la suivante :

> L'univers tout entier est composé de systèmes stellaires. Pour les créer, la nature n'a que cent corps simples à sa disposition. Malgré le parti prodigieux qu'elle sait tirer de ces ressources et le chiffre incalculable de combinaisons qu'elles permettent à sa fécondité, le résultat est nécessairement un nombre fini, comme celui des éléments eux-mêmes, et pour remplir l'étendue, la nature doit répéter à l'infini chacune de ses combinaisons originales ou types. Tout astre, quel qu'il soit, existe donc en nombre infini dans le temps et dans l'espace, non pas seulement sous l'un de ses aspects, mais tel qu'il se trouve à chacune des secondes de sa durée, depuis la naissance jusqu'à la mort [2].

Une centaine de corps simples au nombre de combinaisons certes élevé, mais pas infini, face à l'espace infini : le cycle de combinaisons, bien qu'immense, ne peut manquer de se répéter face à l'infini de l'espace. Nietzsche part du même présupposé, formulé différemment. Ce que Blanqui pense en termes de « corps », Nietzsche le pense en termes de « forces », mais le résultat et le même : le nombre de corps ou de forces reste limité, et donc les combinaisons ne peuvent pas se renouveler éternellement. Mais l'espace (chez Blanqui), ou le temps (chez Nietzsche), lui, est infini. Donc chaque « combinaison » doit avoir son « retour » à un moment ou à un autre, dans un lieu ou dans un autre. Benjamin recopie la conclusion terrifiante de Blanqui :

> La terre est l'un de ses astres. Tout être humain est donc éternel dans chacune des secondes de son existence. Ce que j'écris en ce moment dans le château du fort du Taureau, je l'ai écrit et je l'écrirai pendant l'éternité, sur une table, avec une plume, sous des habits, dans des

1. Lettre du 6-1-1938 à Horkheimer [*Corr. 2*, p. 232 et 242]. PW, p 168 (D5a, 6) [LP, p. 137]. Aussi *Exposé de 1939*, PW, p. 75 [LP, p. 59] et PW, p 173 (D8,2) [LP, p. 140]. Chez Nietzsche la conception mécaniste n'est que provisoire, parce qu'elle doit se subordonner à l'idée du monde comme *perpetuum mobile*.

2. Cité in *Exposé de 1939*, PW, p. 76 [LP, p. 59] et *in* PW, p 172 (D7 ; D7a) [LP, p. 139].

circonstances toutes semblables. Ainsi de chacun. Le nombre de nos sosies est infini dans le temps et dans l'espace. En conscience, on ne peut guère exiger davantage. Ces sosies sont en chair et en os, voire en pantalon et paletot, en crinoline et en chignon. Ce ne sont point là des fantômes, c'est de l'actualité éternisée.

Voici néanmoins un grand défaut : il n'y a pas de progrès. […] Ce que nous appelons le progrès est claquemuré sur chaque terre, et s'évanouit avec elle. Toujours et partout, dans le camp terrestre, le même drame, le même décor, sur la même scène étroite, une humanité bruyante, infatuée de sa grandeur, se croyant l'univers et vivant dans sa prison comme dans une immensité, pour sombrer bientôt avec le globe qui a porté dans le plus profond dédain, le fardeau de son orgueil. Même monotonie, même immobilisme dans les astres étrangers. L'univers se répète sans fin et piaffe sur place. L'éternité joue imperturbablement dans l'infini les mêmes représentations[1].

L'univers n'a pas de but, pas de fin ; à cause de son infinité, il ne fait que se répéter dans un cercle. Comme chez Nietzsche, l'existence demeure « privée de sens et de but, mais se répétant inéluctablement, sans finale dans le néant ». Cette « grande pensée » comme « tête de Méduse » aboutit là : « tous les traits du monde se pétrifient, une agonie glacée »[2]. On peut comprendre dans ce sens-là la « face de méduse » de la République évoquée dans le poème de Pierre Dupont[3] : le regard de la République pris dans l'éternel retour pétrifie tous ceux qui le croisent.

D'après Benjamin, ce texte de Blanqui, « d'un relief très marqué » quant à la langue, « entretient les relations les plus remarquables autant avec Baudelaire qu'avec Nietzsche »[4]. Dans la même configuration historique, « par *l'idée fixe* du nouveau et du retour du même », Blanqui, Nietzsche et Baudelaire se rejoignent dans une

1. Cité in *Exposé de 1939*, PW, p. 76 [LP, p. 59] ; PW, p 172 (D7 ; D7a) [LP, p. 139] ; PW, p 170 (D6a, 1) [LP, p. 137] ; PW, p 170 (D6,2) [LP, p. 137-138].

2. Friedrich Nietzsche, *Aus dem Nachlass 1882-1888*, in *Gesammelte Werke* Munich, 1926, cité *in* PW, p 173 (D8,6) [LP, p. 140].

3. Pierre Dupont, *Le chant du vote*, Paris, 1850, cité *in* PW, p. 865-866 (a7,3) [LP, p. 720].

4. PW, p 168 (D5a, 6) [LP, p. 137].

même vision hypnotique du temps [1]. La formule « c'est du nouveau toujours vieux et du vieux toujours nouveau » employée par Blanqui dans *L'éternité par les astres* « correspond de la façon la plus rigoureuse à l'expérience du *spleen* telle que Baudelaire l'a transcrite » [2] et qui incarne le sentiment de la catastrophe permanente. Et l'autre formule « le nombre de nos sosies est infini dans le temps et dans l'espace [...] Ces sosies sont en chair et en os, voire en pantalon et en patelot, en crinoline et en chignon » doit être rapprochée des « Sept vieillards » de Baudelaire [3]. Dans ce poème des *Fleurs du mal*, à 13 strophes d'alexandrins, ironiquement dédié à ce spécialiste des tables tournantes, le « sot » Victor Hugo, une « fourmillante cité », « pleine de rêves », se voit plongée dans une brume et un brouillard épais qui enveloppe un passant. Ce brouillard régurgite soudain le spectre d'un vieillard cassé, l'œil méchant, l'allure maladroite et l'air « hostile à l'univers ». Le vieillard marche sur la neige comme on marcherait sur les morts. Le promeneur le regarde passer, inquiet. Puis il en vient un autre, tout à fait semblable :

> Son pareil le suivait : barbe, œil, dos, bâton, loques,
> Nul trait ne distinguait, du même enfer venu,
> Ce jumeau centenaire, et ces spectres baroques
> Marchaient du même pas vers un but inconnu.
> À quel complot infâme étais-je donc en butte,
> Ou quel méchant hasard ainsi m'humiliait ?
> Car je comptai sept fois, de minute en minute,
> Ce sinistre vieillard qui se multipliait !
> Que celui-là qui rit de mon inquiétude,
> Et qui n'est pas saisi d'un frisson fraternel,
> Songe bien que malgré tant de décrépitude
> Ces sept monstres hideux avaient l'air éternel ! [...]
> Vainement ma raison voulait prendre la barre ;
> La tempête en jouant déroutait ses efforts,

---

1. Lettre à Horkheimer du 16 avril 1938, I, p. 1074 [*Corr. 2*, p. 242].
2. PW, p. 457 (J76,2) [LP, p. 378].
3. PW, p. 458 (J76,3) [LP, p. 378].

Et mon âme dansait, dansait, vieille gabarre
Sans mâts, sur une mer monstrueuse et sans bords ![1]

Pour Benjamin, cette « mer monstrueuse et sans bord » correspond à « l'univers bouleversé » de *L'éternité par les astres*. « La vision de Blanqui fait entrer dans la modernité – dont les sept vieillards apparaissent comme les hérauts – l'univers tout entier. »[2] Ce fantastique effrayant des fantasmagories relève d'une rencontre entre le fantastique et l'optique, entre le fantasme et la pulsion la plus profonde, la scopique. Inquiétante étrangeté, compulsion de répétition, double monstrueux de l'homme – expérience angoissante du flâneur qui voit toujours apparaître le même sale type. Le temps normal s'arrête et, tout comme dans le rêve, le plus ancien vient côtoyer le présent, mêlé d'éléments de la veille. L'espace n'est plus homogène, des lieux lointains le parcourent où le sublime se superpose à l'effrayant, indéfiniment.

Il y aurait pourtant pu, à partir de la même hypothèse mécaniste, y avoir une consolation, une conclusion moins pessimiste que le simple éternel retour du même. Blanqui l'aperçoit d'ailleurs :

> Une terre existe où l'homme suit la route dédaignée dans l'autre par le sosie. Son existence se dédouble, un globe pour chacune, puis se bifurque une seconde, une troisième fois, des milliers de fois. Il possède ainsi des sosies complets et des variantes innombrables de sosies, qui multiplient et représentent toujours sa personne, mais ne prennent que des lambeaux de sa destinée. Tout ce qu'on aurait pu être ici-bas, on l'est quelque part ailleurs. Outre son existence entière, de la naissance à la mort, que l'on vit sur une foule de terres, on en vit sur d'autres dix mille éditions différentes [3].

1. Charles Baudelaire, « Les sept vieillards », dans *Les fleurs du mal*, partiellement cité *in* PW, p. 457 (J76,2) [LP, p. 378].

2. *Exposé de 1939*, PW, p. 77 [LP, p. 59].

3. Auguste Blanqui, *L'éternité par les astres*, cité dans Gustave Geffroy, *L'enfermé*, Paris, 1897, cité *in* PW, p 169-170 (D6,1) [LP, p. 137]. Ce paragraphe, que Benjamin recopie dans ses notes mais ne reprend pas dans l'*Exposé de 1939*, « s'attarde sur la "consolation" qu'apporte l'idée que les sosies des amours arrachées à cette terre tiennent à l'heure même compagnie à notre sosie sur une autre planète. » PW, p 172 (D7 ; D7a) [LP, p. 140].

Il devrait exister sur d'autres astres un Blanqui qui, en 1828, parvient à passer la frontière et à faire triompher la Grèce insurgée; un Blanqui qui, en 1839, parvient à prendre la préfecture de police et à faire triompher Paris insurgé; un Blanqui qui, le 12 janvier 1870, aux funérailles de Victor Noir, parvient à transformer la colère parisienne en insurrection; un Blanqui qui, le 14 août 1870, parvient à mener l'insurrection à son terme; un autre qui y parvient le 31 octobre 1870; un Blanqui libre qui, en 1871, parvient à faire triompher la Commune de Paris. Ces astres frères mais non jumeaux auraient pu être les étoiles consolatrices du vieux Blanqui enfermé au fort du Taureau. Il écrit d'ailleurs : « Seul, le chapitre des bifurcations reste ouvert à l'espérance. N'oublions pas que *tout ce qu'on aurait pu être ici-bas, on l'est quelque part ailleurs*. »[1] Mais des remarques pessimistes enserrent ce propos : « Hélas! non, ce sont des rééditions vulgaires, des redites. Tels les exemplaires des mondes passés, tels ceux des mondes futurs. »[2] Même lorsque Blanqui envisage le chapitre des bifurcations, des doubles consolateurs, il le transforme en vision infernale. Benjamin, sur les pas de Blanqui, ne retient pas ce « chapitre des bifurcations » dans son *Exposé de* 1939. La contrepartie de la vision mécaniste du monde de Blanqui reste l'univers comme « lieu de catastrophes permanentes »[3].

L'hypothèse astronomique du révolutionnaire est restée totalement négligée, remarque Benjamin. Il est vrai – ajoute-t-il – qu'il s'agit d'une spéculation cosmologique a priori « banale et inepte », de simples « réflexions maladroites d'un autodidacte ». Mais elles sont un « prélude » à une spéculation inattendue chez le révolutionnaire, une spéculation « théologique ». Car le thème de l'enfer constitue un thème théologique et Blanqui aboutit à une vision d'enfer de répétition éternelle des mêmes événements. La spéculation de Blanqui

---

1. Auguste Blanqui, *L'éternité par les astres. Hypothèse astronomique*, Paris, 1872 cité *in* PW, p 172 (D7; D7a) [LP, p. 139].

2. Ibid.

3. PW, p 168 (D5,7) [LP, p. 136].

l'oblige à rester perpétuellement enfermé. Aussi inflige-t-elle « à l'élan révolutionnaire de l'auteur un cruel démenti »[1]. Elle forme un parfait « complément »[2] de la société bourgeoise victorieuse au lendemain de la Commune, une « soumission sans réserve » à la vision du monde des adversaires des blanquistes. Mais, en même temps, parce que la doctrine de l'éternel retour pousse la vision mécaniste à son paroxysme avec une extrême puissance d'hallucination, elle fait entrapercevoir qu'elle ne forme qu'un mirage. À force de transformer systématiquement en vision infernale ce qui aurait pu être bifurcation, Blanqui démasque aussi l'idéologie du progrès, comme Benjamin le remarque lorsqu'il isole ce passage :

> Et puis, jusqu'ici, le passé pour nous représentait la barbarie, et l'avenir signifiait progrès, science, bonheur, illusion ! Ce passé a vu sur tous nos globes-sosies les plus brillantes civilisations disparaître, sans laisser une trace, et elles disparaîtront encore sans en laisser davantage. L'avenir reverra sur des milliards de terres les ignorances, les sottises, les cruautés de nos vieux âges ![3]

La doctrine de l'éternel retour fait apparaître l'idée de progrès comme une aberration qui semble intenable « scientifiquement ». Il n'y a plus de « progrès », il n'y en a jamais eu, mais seulement un rabâchage à l'infini des mêmes échecs révolutionnaires, un enfermement perpétuel de Blanqui, d'un astre à l'autre.

« Pour Blanqui, note Benjamin, l'histoire est de la paille qui sert à empailler le temps infini. »[4] Le dernier mot de la « science » gît dans l'éternel retour du même. Geffroy remarque que Blanqui « écrit ainsi son sort dans le nombre sans la fin des astres et à tous les instants de la durée. Son cachot se multiplie jusqu'à l'incalculable. Il reste,

---

1. *Exposé de 1939*, PW, p. 75 [LP, p. 58].

2. PW, p 168 (D5a, 6) [LP, p. 137].

3. Auguste Blanqui, *L'éternité par les astres. Hypothèse astronomique*, Paris, 1872 cité *in* PW, p 172 (D7 ; D7a) [LP, p. 139].

4. PW, p. 460 (J77a, 1) [LP, p. 380]. Blanqui voit là la même temporalité infernale que Baudelaire.

dans l'univers entier, l'enfermé qu'il est sur cette terre, avec sa force révoltée, sa pensée libre. »[1] Cette lecture du « progrès » comme éternel retour déguisé prépare un début de lucidité contre la société bourgeoise avide de répétitions.

Blanqui « se soumet à la société bourgeoise. Mais il s'agenouille devant elle avec une telle violence que son trône en est ébranlé. »[2] La domination économique et sociale de la bourgeoisie ne constitue pas un « progrès », mais seulement la perpétuation de cette domination, l'apparence d'une éternité par laquelle perdure cette domination. Cette vérité fait trembler le trône de la bourgeoisie qui sent sa doctrine menacée. L'éternel retour forme chez Blanqui « le réquisitoire le plus terrible » contre la société de son époque « qui projette dans le ciel cette image cosmique d'elle-même »[3].

Mais Blanqui s'enferme lui-même dans l'éternel retour, perpétuation de l'ordre social qu'il a toujours combattu. Le voile s'est à peine déchiré. En écrivant *L'éternité par les astres* au seuil de la mort, dans le fort du Taureau qu'il sait être sa dernière prison, Blanqui se donne, de manière stupéfiante, « de nouvelles portes de cachot »[4].

« La vision cosmique du monde que Blanqui expose en empruntant ses données à la physique mécaniste de la société bourgeoise est une vision d'enfer. »[5] Elle aurait pu aboutir à l'idée d'un Blanqui triomphant, au loin, tôt ou tard. Au contraire, cette conception « n'a rien de triomphant, laisse bien plutôt un sentiment d'oppression. Blanqui s'y préoccupe de tracer une image du progrès qui, – antiquité immémoriale se pavanant dans un apparat de nouveauté dernière – se révèle comme étant la fantasmagorie de l'histoire elle-même. »[6]

---

1. Auguste Blanqui, *L'éternité par les astres*, et Gustave Geffroy, *L'enfermé*, Paris, 1897, cité *in* PW, p. 170 (D6,2) [LP, p. 137-138].

2. PW, p 168 (D5a, 2) [LP, p. 136].

3. PW, p 168 (D5a, 6) [LP, p. 137].

4. PW, p 168 (D5a, 1) [LP, p. 136].

5. PW, p 168 (D5a, 6) [LP, p. 137] ; *Exposé de 1939*, PW, p. 75 [LP, p. 58].

6. *Exposé de 1939*, PW, p. 76 [LP, p. 59].

Fantasmagories de l'histoire, les étoiles vers lesquelles les hommes se sont tournés avec espoir tout au long du XIXe siècle n'étaient que des illusions, et emmènent le dernier insurgé dans une ultime fantasmagorie. Benjamin semble bien dévoiler, chez Blanqui lui-même, ce rôle des étoiles qui ne sont là, aux Expositions universelles et ailleurs, que pour masquer « les réalités vivantes » de l'activité productrice :

> Pauvres étoiles ! leur rôle de splendeur n'est qu'un rôle de sacrifice. Créatrices et servantes de la puissance productrice des planètes, elles ne la possèdent point elles-mêmes, et doivent se résigner à leur carrière ingrate et monotone de flambeaux. Elles ont l'éclat sans la jouissance ; derrière elles, se cachent invisibles les réalités vivantes [1].

« La vie sous l'empire magique de l'éternel retour procure une existence qui ne quitte pas l'élément de l'aura. » [2] *Les fleurs du mal*, *L'éternité par les astres* et *L'éternel retour* expriment au plus haut point la « fantasmagorie angoissante » [3] qui se trouve au cœur de la modernité naissante. « La spéculation cosmique de Blanqui comporte cet enseignement que l'humanité sera en proie à une angoisse mythique tant que la fantasmagorie y occupera une place. » [4] La théorie de Blanqui incarne « une répétition du mythe », « un exemple fondamental de l'histoire originaire du XIXe siècle. À chaque siècle l'humanité est consignée. » [5]

ennui

Benjamin recopie ce mot de Lamartine de 1839 : « La France s'ennuie » [6]. L'épidémie s'étend en effet dans les années 1840. Les

---

1. Auguste Blanqui, *L'éternité par les astres*, Paris, 1872, cité *in* PW, p. 265 (G15,1) [LP, p. 217]. Benjamin note aussi le « Je vous plains, malheureuses étoiles ! » de Goethe, in *ibid.*

2. PW, p. 177 (D10a, 1) [LP, p. 144].

3. *Exposé de 1939*, PW, p. 71 [LP, p. 55].

4. *Exposé de 1939*, PW, p. 61 [LP, p. 48].

5. PW, p. 177 (D10,2) [LP, p. 143, trad. modifiée].

6. PW, p 167 (D4a, 3) [LP, p. 135].

Parisiens considèrent l'ennui avec horreur et délice mélangés. Les fantasmagories de la vie parisienne favorisent toutes les formes de répétition possibles. La mascarade des styles demeure la forme la plus évidente de cette éternelle répétition du même, mélange réitéré d'ancien et de nouveau : le Premier Empire avait copié les arcs de triomphe et les monuments classiques ; le Second Empire imite la Renaissance, le gothique, le pompéien. Après le classique vivant, le néoclassique congelé. L'Arc-de-Triomphe copie la porte Louis XIV, la colonne répète Rome, la Madeleine, la Bourse et le Palais-Bourbon singent des temples antiques. L'intérieur bourgeois accueille toute une atmosphère « d'ennui secret », d'« exhalaisons opiacées » parmi lesquelles des perroquets colorés semblent avoir eux-mêmes le mal du pays. Le maître de maison a une allure de somnambule, bâillant, somnolent, toujours sur le point de s'assoupir, dont les pensées semblent s'incarner dans ses volatiles languissants [1]. Benjamin recopie la description d'un physionomiste des salons : on voit « sur toutes les physionomies les traces les plus évidentes de l'ennui : les conversations sont en général rares, calmes et sérieuses [...] on ne découvre peut-être dans les soirées mondaines d'aucune ville d'Europe de visages aussi peu satisfaits, avenants et animés que ceux que l'on voit dans les salons parisiens ; [...] nulle part on ne se plaint autant d'un ennui insupportable, exprimant ainsi autant les idées à la mode qu'une vraie conviction. » [2] Le masque mondain de l'ennui devient très distingué. Pour Benjamin, cette tristesse plate et disserte du dandy donne un indice de « la participation au sommeil du collectif » [3] :

> L'ennui est une étoffe grise et chaude, garnie à l'intérieur d'une doublure de soie aux couleurs vives et chatoyantes. Nous nous roulons dans cette étoffe lorsque nous rêvons. Nous sommes alors chez nous dans les arabesques de sa doublure. Mais le dormeur emmitouflé dans sa grisaille a l'air de s'ennuyer. Et quand il se réveille et veut raconter ce à quoi il a rêvé, il ne fait partager le plus souvent que cet ennui. Car qui saurait

1. D'après un contemporain cité *in* PW, p. 160 (D2,3) [LP, p. 130].

2. Ferdinand von Gall, *Paris und seine Salons*, Oldenbourg, 1844, cité *in* PW, p. 162-163 (D2a, 6) [LP, p. 131].

3. PW, p 164 (D3,7) [LP, p. 133].

d'un geste tourner vers l'extérieur la doublure du temps ? Pourtant raconter ses rêves ne signifie rien d'autre. Et l'on ne peut parler autrement des passages, architectures où nous vivons une nouvelle fois oniriquement la vie de nos parents et de nos grands-parents, comme l'embryon dans le ventre de sa mère répète la phylogenèse. L'existence s'écoule dans ces lieux sans accentuation particulière, comme les épisodes des rêves. La flânerie donne son rythme à cette somnolence. En 1839, une mode des tortues envahit Paris. On peut facilement imaginer que les élégants eurent encore moins de mal à imiter le tempo de ces créatures dans les passages que sur les boulevards[1].

« Tourner vers l'extérieur la doublure du temps » : là réside l'enjeu d'un récit du rêve du collectif. Pourtant, lorsque le dormeur cherche à raconter les rêves qui ont bercé son sommeil, il ne fait que communiquer un halo d'ennui, que Benjamin définit ailleurs comme la « face externe des événements inconscients »[2]. L'ennui est l'indice que le collectif, assoupi, reste prêt à subir toutes les fantasmagories imaginables dans un rêve-histoire. L'ennui, avec sa structure mythique d'éternel retour, constitue la condition secrète des fantasmagories de l'intérieur, du marché et de l'histoire. D'ailleurs le dandy, en affichant son ennui, ressemble à un héros des temps modernes, capable de supporter la temporalité infernale de son époque que ses contemporains ignorent ou fuient (dans la « distraction » aussi bien que dans la « culture »). Le dandy ignore le trivial qui permet aux autres de se détourner artificiellement de cette temporalité mythique. Mieux : il cherche à détruire cette trivialité.

Benjamin reprend le mot de Baudelaire : « Voilà peut-être un homme riche, mais plus certainement un Hercule sans emploi. »[3] Ce « dernier éclat d'héroïsme dans les décadences » possède, selon le philosophe, un caractère « légendaire » très ancien, de César à Alcibiade en passant par Catilia, et très général, puisque Chateaubriand l'avait débusqué jusque dans les forêts et au bord des lacs du Nouveau

1. PW, p. 161-162 (D2a, 1) [LP, p. 131].

2. PW, p. 162 (D2a, 2) [LP, p. 131].

3. Charles Baudelaire, *L'art romantique*, Paris, cité *in* PW, p 167-168 (D4a, 4, D5,1 et D5,2) [LP, p. 135-136].

Monde. En aboutissant à ce sentiment moderne de la vie qu'est la théorie de l'ennui, le romantisme parvient selon Caillois (que recopie ici Benjamin) « à une théorie du pouvoir ou, au moins, de l'énergie ». Comme le dandy chez Benjamin, le romantisme « marque la prise de conscience par l'homme d'un faisceau d'instincts à la répression desquels la société est fortement intéressée ». Mais ce « faisceau d'instincts » primitifs, cette « énergie » refoulée, plutôt que de s'exprimer dans l'histoire, est investi par « une poésie de refuge et d'évasion », un peu comme dans la fantasmagorie de l'intérieur. Au bout du compte, « il manifeste l'abandon de la lutte » [1]. L'ennui attend, mais quoi ? La mort.

D'où vient l'ennui ? Du « travail à l'usine comme infrastructure économique de l'ennui idéologique des classes supérieures », répond clairement Benjamin, qui n'hésite pas à citer Engels : « La fastidieuse uniformité d'un labeur sans fin occasionnée par un travail mécanique, toujours le même, ressemble au supplice de Sisyphe ; comme le rocher, le poids du travail retombe toujours et sans pitié sur le travailleur épuisé. » [2] Le travail de l'ouvrier à l'usine procède d'une tâche sisyphéenne, celle de la soumission toujours recommencée au capital, geste vivant sur lequel retombe à chaque fois le poids du travail. Benjamin reprend « l'enfer de l'ennui » que Michelet décrit dans les tissages : « Toujours, toujours, toujours, c'est le mot invariable que tonne à notre oreille le roulement automatique dont tremblent les planches. Jamais l'on ne s'y habitue. » [3]

L'origine de l'ennui réside donc dans le machinisme prisonnier du fétichisme de la marchandise. Cet ennui ne prend pas naissance

---

1. Il faudrait au contraire, comme Balzac et Baudelaire, « intégrer dans la vie les postulations que les romantiques se résignaient à satisfaire sur le seul plan de l'art ». « Par là, cette entreprise est bien apparentée au mythe qui signifie toujours un accroissement du rôle de l'imagination dans la vie. » Si Benjamin est un peu plus méfiant que Caillois vis-à-vis du concept de « mythe », il admet la chose d'une autre manière en disant que le « matérialisme anthropologique » doit être intégré au « matérialisme dialectique » pour accroître le rôle du rêve dans l'action. Roger Caillois, « Paris, mythe moderne », *Nouvelle Revue française*, XXV, 284, 1er mai 1937, cité *in* PW, p 167 (D4a, 2) [LP, p. 135].

2. Cité *in* PW, p. 162 (D2a, 4) [LP, p. 131].

3. Michelet, *Le peuple*, Paris, 1846, cité *in* PW, p 166 (D4,5) [LP, p. 133-134].

dans le machinisme de Fourier, qui peut entrer en correspondance avec l'utopie. Il ne s'agit pas du machinisme du matérialisme anthropologique, d'une société humaine perçue comme une immense machinerie, par-delà le bien et le mal, mais d'un machinisme infernal, limité à la soumission du travail au capital, qui étouffe les possibilités humaines et transforme les potentiels créateurs de la technique en armes de destruction de la masse. L'infrastructure de l'ennui correspond à l'enchaînement du formidable *gestus* humain au travail à la chaîne, sa réduction à un même mouvement, toujours répété, aux mêmes bruits infernaux, toujours les mêmes. Sous la croûte des fantasmagories du marché, de cette figuration idyllique d'une société harmonieuse aux Expositions universelles, de cette fin légendaire de l'histoire, gronde le roulement automatique des machines, l'éternel retour du même : un immense ennui.

Mais ce cycle répétitif des machines dans l'infrastructure s'exprime aussi dans les fantasmagories, d'une autre manière. Pendant que l'ouvrier cherche toujours à retrancher son travail de la marchandise, pour retrouver (sans y parvenir) sa valeur d'usage ; pendant que le corps ouvrier au travail témoigne de la présence de cette valeur d'usage toujours écrasée par la valeur d'échange, le collectionneur a, nous l'avons vu, « la tâche sisyphéenne d'ôter aux choses, parce qu'il les possède, leur caractère de marchandises », et les libère de la « servitude d'être utile ». Encore Sisyphe. Mais le collectionneur ne parvient toutefois à donner aux choses qu'une valeur sentimentale. Pendant ce temps, le dandy, qui ressent l'ennui plus profondément qu'aucun autre, reste « un Hercule sans emploi ». L'ouvrier, le collectionneur et le dandy portent la même marque mythique de l'inanité. Les forces sociales primitives sont inemployées ; elles se trouvent enfermées dans un cercle, celui de Sisyphe et de l'éternel retour, de la valeur d'échange éclipsant sans cesse la valeur d'usage, de la domination toujours recommencée du capital sur le travail.

La bourgeoisie cherche à transfigurer son ennui en héroïsme. Benjamin remarque un livre publié en 1903 intitulé *L'Ennui*. Mais, au lieu d'être un monument à la gloire du *taedium vitae* (le dégoût, la fatigue de la vie), ce manifeste montre « le savoir mesquin et plein de morgue d'un nouveau M. Homais qui ne veut voir dans toute grandeur, dans l'héroïsme du héros comme dans l'ascèse du saint, que les preuves qui confortent son insatisfaction de petit-bourgeois sans inspiration »[1]. Dans ce livre, la vie prend aussi la forme de l'éternel retour : elle ne possède pas de but ni de fondement et vise en vain un état de bonheur et d'équilibre.

Parmi les provocateurs de l'ennui, Benjamin mentionne encore « le temps qu'il fait ». La météo prouve que les forces cosmiques ne possèdent qu'un effet narcotique sur l'homme évidé et fragilisé par la société productrice de marchandise. Le passage de l'Opéra n'abrite pas pour rien des galeries du baromètre et du thermomètre. Baudelaire enrichit son expression lyrique de préoccupations quotidiennes : le mauvais temps apparaît souvent. Benjamin remarque, à partir d'un biographe de Baudelaire, que le Paris du poète est « sombre », « pluvieux » et « asphyxiant », alors que celui de Verlaine est « aéré », bien que « blanchâtre et poussiéreux »[2]. L'ennui permet de polariser encore : les voiles asphyxiants d'un côté (Baudelaire), une structure aérée de l'autre (Verlaine). Mais il convient de réconcilier les caractères progressifs de l'un et de l'autre, les lieux d'éveil lovés au sein de leurs rêves respectifs et complémentaires. Le spleen de Baudelaire, sentiment par excellence de l'éternel retour, c'est « l'ennui dans la brume, ennui et brouillard mêlés »[3]. Le mauvais temps, narcotique, demeure une voie pour pénétrer dans le rêve, un chemin que seul l'enfant connaît d'après Benjamin :

> Seul l'enfant d'une grande ville peut comprendre ces jours de pluie sur la ville qui savent par des ruses achevées l'inciter à retourner en rêve vers la toute petite enfance. La pluie tient partout davantage de choses cachées, elle rend les jours non seulement gris mais uniformes[4].

1. PW, p. 157 (D1,5) [LP, p. 127].
2. François Porché, *La vie douloureuse de Charles Baudelaire*, Paris, 1926, cité *in* PW, p. 156 (D1,2) [LP, p. 126].
3. Ibid., PW, p. 156 (D1,4) [LP, p. 126]
4. PW, p. 159 (D1a, 9) [LP, p. 128-129].

La grisaille, comme l'ennui, peut suspendre le temps, l'ouvrir à la petite enfance, à la rêverie, à la fantaisie. Mais la « force magique » de la pluie, qui donnait auparavant naissance à bien des aventures, est décroissante. Elle s'enferme toujours plus dans l'éternel retour du même.

En devenant poussière, la pluie prend peu à peu sa revanche sur les passages rêveurs. La poussière a le don, comme les fantasmagories, de recouvrir toute forme d'aventure. « Sous Louis-Philippe, la poussière se déposa même sur les révolutions », note Gutzkow, témoin privilégié pour Benjamin [1]. La peluche, qui sert à amortir et à masquer les conflits de classe, est un vrai « ramasse poussière » ; les meubles entièrement rembourrés qui apparaissent après 1840 forment un « style tapissier », lui aussi attrape-poussière. Benjamin reprend le mot de Chirico : « Les rues ont de telles nuances de gris ! » [2]. Paris elle-même produit une poussière qui empêche de voir et de respirer. On ne peut « donner à cette poussière un semblant de consistance qu'en l'arrosant de sang » [3], lit-il chez Louis Veuillot. Cette poussière qui recouvre les événements révolutionnaires s'apparente à l'intégration infernale d'une scène historique dans un panorama. Le jeune duc d'Orléans épouse Hélène de Mecklembourg dans la salle de bal où s'était amorcée la Révolution française, toujours selon Gutzkow :

> On voulut ranger la salle pour les noces du jeune couple et on la retrouva telle que la Révolution l'avait laissée. On voyait encore par terre les traces du banquet des gardes, on voyait des bouts de chandelle, des verres brisés, des bouchons de champagne, on voyait les cocardes des gardes du corps, foulées aux pieds, et les rubans de cérémonie des officiers du régiment des Flandres [4].

1. Karl Gutzkow, *Briefe aus Paris*, Leipzig, 1842, cité *in* PW, p. 158 (D1a, 1) [LP, p. 127-128].

2. PW, p. 159 (D1a, 7) [LP, p. 128].

3. Louis Veuillot, *Les odeurs de Paris*, Paris, 1914, cité *in* PW, p. 159 (D1a, 10) [LP, p. 129].

4. Karl Gutzkow, *Briefe aus Paris*, Leipzig, 1842, cité *in* PW, p. 158 (D1a, 1) [LP, p. 127-128].

Cette scène d'un panorama montre bien à quel point les trompe-l'œil de l'époque peuvent mettre en scène la répétition poussiéreuse d'une révolution, une assommante répétition du même, un voile grisonnant, un « rideau de pluie ». De la même manière, les scènes de cérémonie représentées dans les tableaux d'histoire exhalent l'ennui. Les scènes de bataille, « avec tout ce qui se cache dans la fumée de la poudre », donnent à Benjamin l'impression d'un *dolce far niente* : « des images d'Epinal à *L'Exécution de l'empereur Maximilien* de Manet, on trouve toujours le même mirage, toujours renouvelé, toujours la fumée dans laquelle [...] le génie sort de la bouteille devant les amateurs d'art distraits et rêveurs. »[1] Par la poussière, la fumée, l'ennui, même les scènes historiques rejoignent les « rêvoirs » du collectif assoupi qui y subit, sous des apparats de nouveauté, l'éternel retour du même vieil ordre social. Et Benjamin de conclure : « L'ennui est le grillage devant lequel la courtisane taquine la mort. »[2]

Pourtant, pour le philosophe, tout phénomène mythique, tout « voile asphyxiant », tout « rideau de pluie », recèle en lui des lieux d'éveil. Le mauvais temps, la poussière, la fumée, l'ennui sont propices à la méditation, à l'invitation du temps chez soi, à l'attente pure de tout objet[3]. Ils sont narcotiques mais, dans la méditation qu'ils provoquent, ouvrent sur une autre dimension. La distinction que fait Benjamin entre le joueur, le flâneur et l'homme qui attend, tous trois enivrés par le temps, est à cet égard éloquente. Le joueur fait passer le temps, l'expulse, l'évacue ; le flâneur se charge de temps comme une batterie ; « celui qui attend », prend le temps avec lui, l'invite, et le transforme en attente[4]. Dans les années de la Révolution de 1789 puis du premier Empire, on dit en argot « faire droguer » pour « faire attendre », relève Benjamin. Or cet ennui qui surgit de l'ivresse de l'attente pure, l'ennui qui ne sait plus ce qu'il attend, constitue « le seuil des grandes entreprises »[5]. Benjamin cite Hugo :

1. PW, p. 163 (D2a, 8) [LP, p. 132].
2. PW, p. 110 (B1,1) [LP, p. 88].
3. PW, p. 161 (D2,7) [LP, p. 130].
4. PW, p. 164 (D3,4) [LP, p. 132].
5. PW, p. 161 (D2,7) [LP, p. 130].

« Attendre c'est la vie »[1]. L'attente pure teintée d'un ennui enivrant forme aussi le « moment téléologique dans l'ensemble onirique », le moment de l'enfance dans la vie éveillée, le moment de l'éveil dans le rêve.

Mais il y a un « remède suprême » contre l'ennui, bien vu par Baudelaire puis Benjamin, un remède qui peut tenir les individus éloignés du seuil des grandes entreprises, révolutionnaires par exemple : la foule, qui permet de s'évader de ce moment d'attente en retournant dans l'océan de la multitude, en retournant dans les vagues de l'éternel retour du même.

mode

Benjamin recopie la remarque d'un historien d'après lequel des « révolutions radicales » comme la coiffure à la garçonne relèvent de « l'éternel retour du même »[2]. La mode répète avec ironie tous les styles passés. Comme le cabinet de cire, elle se fait « rêvoir » :

> Il y eut à l'Exposition universelle de Paris, en 1900, un palais du Costume où des poupées de cire présentaient devant des décors de toile peinte les costumes des différents peuples et les modes des différentes époques[3].

Le philosophe remarque que « comme le présent ne se détache jamais du passé, le passé offre aussi un stimulant au créateur »[4]. La mode reprend d'autres caractéristiques des fantasmagories : le masque historicisant contre l'anticipation, le mélange d'ancien et de nouveau, l'alibi naturalisant. La mode « ne consiste qu'en extrêmes », dont les plus opposés sont « la frivolité et la mort »[5]. Dans la « fantasmagorie de la mode »[6] se joue même une dialectique plus profonde : la dialectique du désir et du cadavre.

---

1. Victor Hugo, cité en exergue de la liasse D, *in* PW, p. 156 [LP, p. 126].
2. Egon Friedell, *Kulturgeschichte der Neuzeit*, 1931, cité *in* PW, p. 119-120 (B4,1) [LP, p. 96].
3. PW, p. 123 (B5a, 1) [LP, p. 99].
4. Helen Grund, *Vom Wesen der Mode*, Munich, 1935, cité *in* PW, p. 122 (B4a, 5) [LP, p. 98].
5. PW, p. 119 (B3a, 4) [LP, p. 95-96].
6. Benjamin utilise cette expression dans PW, p. 131 (B9a, 2) [LP, p. 105].

La manie du style historique lutte contre une certaine provocation érotique. La crinoline représente l'obsession historicisante, alors que le cycliste exemplifie le dévoilement corporel. Née dans les années 1830, sous la forme de jupons que les femmes superposent sous leurs jupes, de façon à lui donner plus d'ampleur, la crinoline est rigidifiée par du crin de cheval (d'où le nom). À partir de 1856, elle est constituée de cerceaux de baleines ou d'acier, et dite crinoline-cage. On y superpose des brocards, des velours, de la dentelle, des mouchoirs comme ornements, dans le style de la mode Renaissance. Benjamin relève la satire de Blanqui :

> Grand événement ! les belles dames éprouvent un jour le besoin de se renfler le derrière. Vite, par milliers, des fabriques de *tournures* ! […] "A bas les croupions ! vivent les crinolines !" Et soudain, l'univers civilisé se change en manufacture de cloches ambulantes [1].

Mais le philosophe suit aussi des études de mœurs : support d'un style historicisant qui recèle les rapports de classe, la crinoline forme « le symbole du Second Empire », « de son mensonge éhonté, de son insolence creuse de parvenu » [2], « le signe manifeste de la réaction de l'impérialisme qui se déploie et se gonfle […] et qui […] a fait retomber son pouvoir comme une robe à panier sur tous les aspects, bons ou mauvais, justifiés ou injustifiés de la révolution […] » [3]. Il s'agit là d'une fantasmagorie vestimentaire retombant sur le corps du mouvement social.

À l'opposé, le cycliste inaugure pour Benjamin un « prototype inconscient et précoce du vêtement de sport » [4]. Il équivaut à ces « prototypes aux formes oniriques » qui apparaissent à la naissance de l'usine et de l'automobile. Dans les salles couvertes où l'on apprend à faire du vélo, la femme prend « sa plus séduisante apparence, celle

---

1. Auguste Blanqui, *Critique sociale*, Paris, 1885, cité *in* PW, p. 129-130 (B8a, 3) [LP, p. 104].

2. F. Th. Vischer, *Mode und Cynismus*, Stuttgart, 1879, cité *in* PW, p. 119 (B3a, 5) [LP, p. 96].

3. *Ibid.*, cité *in* PW, p. 126 (B7,5) [LP, p. 101].

4. PW, p. 110 (B1,2) [LP, p. 88]. *Ibid.* pour les citations suivantes.

de la cycliste », comme on peut le voir sur les affiches de l'époque (celles de Chéret et de Vernier). À la fin du XIXᵉ siècle, les femmes présentent à l'homme leur apparence la plus érotique, en lui faisant « la plus intime promesse de leur silhouette », dans des « salles asphaltées et couvertes où l'on apprenait à faire de la bicyclette ». La jeune fille en cycliste a alors la première place sur les affiches et donne à la mode sa ligne « la plus osée »[1].

Dans les années 1880, en même temps qu'un certain goût pour la mode Renaissance, les femmes développent aussi un certain goût pour le sport, l'équitation en particulier. Cette tendance « sportive », « osée », « provocante » et « érotique » de la mode a quelque chose du sadisme qui caractérise la « machinerie humaine » du phalanstère[2]. Mais, soumise au fétichisme de la marchandise, elle va s'avérer définitivement morbide.

Les femmes se retrouvent en tout cas déchirées, un peu comme le modern style, entre la performance technique et l'élégance historiciste. On cherche par exemple une solution « en ajustant et en pinçant au maximum la taille » pour se rapprocher du vêtement cycliste, « tout en donnant à la jupe une ampleur rococo » pour rester dans la mode Renaissance. Benjamin retient d'un livre sur la mode que cette dernière résulte de compromis originaux et esthétiques « entre les sentiments contradictoires qui déchirent l'âme féminine » qui l'orientent « dans des directions tout à fait différentes »[3]. Le philosophe en déduit que, tout comme les premiers bâtiments d'usine restent attachés aux formes traditionnelles de l'immeuble, et tout comme les premières automobiles imitent les carrosses, « l'expression sportive lutte encore, dans le vêtement de la cycliste, avec le modèle traditionnel de l'élégance ». Et le résultat de ce combat est « cette

1. PW, p. 112 (B1,8) [LP, p. 89].

2. Et d'ailleurs Benjamin remarque une collusion entre la tendance sportive de la mode et l'imaginaire fouriériste de Toussenel : dans un magazine publié par Mallarmé en 1874 et intitulé *La dernière mode*, on trouve « une charmante esquisse sportive, résultat d'une conversation avec le merveilleux naturaliste Toussenel », fouriériste. *Minotaure*, (II), 6, hiver 1935, cité *in* PW, p. 122 (B5,2) [LP, p. 98].

3. *70 Jahre deutsche Mode*, 1925, cité *in* PW, p. 110 (B1,3) [LP, p. 88]. Même fragment pour le commentaire de Benjamin qui suit.

nuance d'opiniâtreté et de sadisme », cette nuance de fétichisme au sein d'un style historicisant, qui passe pour le dernier provocant.

Mélange d'ancien et de nouveau, la modernité naissante se caractérise, comme l'observe Simmel dont Benjamin tire ses analyses, par l'obsession du nouveau, du commencement et de la fin plus que de la substance et du centre des choses. Ce processus apparaît dans les symptômes les plus insignifiants : vêtement cycliste aérodynamique, remplacement du cigare par la cigarette, goût des voyages, dramatisation du départ et de l'arrivée. Le rythme de la vie moderne ne traduit « pas seulement le désir de voir changer rapidement les contenus qualitatifs de la vie, mais la force de l'excitation formelle de la frontière, du commencement et de la fin »[1]. Des formes nouvelles de vitesse donnent un rythme différent à la vie, avec les montagnes russes, les affiches, et un « énigmatique besoin de sensation »[2], confirme Benjamin. De même pour la mode, qui figure, à l'instar de ces salles asphaltées où des bicyclettes tournent à vive allure, l'accélération qui emporte le monde.

Benjamin ne suit cependant pas Simmel dans son principe métaphysique vitaliste : le besoin de séparer ce qui est relié et de relier ce qui est séparé. Il s'intéresse bien plus aux raisons sociales de la mode, qu'il trouve certes chez Simmel, mais pas seulement. Benjamin reprend l'auteur de *La mode* lorsqu'il écrit que « les modes sont toujours des modes de classe, que les modes de la classe supérieure se distinguent de celles de la classe inférieure, et sont abandonnées à l'instant où celle-ci commence à se les approprier »[3]. De même, il trouve chez un certain Jhering que la mode vient du « désir qu'ont les classes supérieures de la société de se distinguer des classes inférieures, ou plus précisément des classes moyennes ». Car « dès que les classes moyennes ont adopté la mode qui vient d'être lancée, celle-ci a perdu sa valeur aux yeux des couches supérieures »[4]. Et

1. Cité *in* PW, p. 127 (B7a, 1) [LP, p. 102].
2. PW, p. 113-114 (B2,1) [LP, p. 91].
3. Cité *in* PW, p. 127 (B7a, 2) [LP, p. 102].
4. Cité *in* PW, p. 124-125 (B6 ; B6a, 1) [LP, p. 100].

Benjamin introduit, avec ce dernier auteur, la nouveauté comme catégorie sociale de la mode. Il remarque que les modistes, pris dans l'accélération de la modernité, sont obsédés par la nouveauté. Ils fréquentent la société et en tirent une impression d'ensemble, participent à la vie artistique, assistent aux premières, vont aux expositions, lisent les livres dont on parle. Leur inspiration s'enflamme grâce aux impulsions offertes par une actualité sans cesse en mouvement.

La nouveauté forme l'impulsion originaire de la mode dans le style de la vie moderne, mais en répondant à une nécessité de distinction sociale qui régit les rapports de classe. Elle n'est au fond qu'un moyen de maintenir une domination de classe qui se veut éternelle. La mode joue le rôle d'un « camouflage de certains désirs bien déterminés de la classe dominante », écrit Benjamin [1], qui s'appuie sur Brecht : « Les puissants éprouvent une vive aversion contre les grands changements. Ils aimeraient bien que tout reste en l'état, mille ans si possible. Si seulement la lune restait sur place, si seulement le soleil arrêtait sa course ! Personne n'aurait plus faim et ne voudrait plus dîner. Quand ils ont tiré au fusil, l'adversaire ne devrait plus tirer lui-même, leur coup devrait être le dernier. » [2]

L'obsession de la nouveauté se nourrit aussi de ce que « chaque génération voit dans les modes de la génération immédiatement antérieure l'anaphrodisiaque le plus radical qui se puisse imaginer ». La mode révèle ainsi le caractère démodé de l'architecture. Avec les scènes de la vie amoureuse, on sent apparaître « tout le ridicule de certaines modes » dites « dépassées », précisément parce qu'elles viennent juste de passer [3]. Le modiste peut chercher son inspiration dans un passé ancien, mais certainement pas dans un passé récent. Car celui-ci est peu glamour – c'est celui des parents. Hommes et femmes, avec leurs toupets « extravagants », leurs chapeaux à haut-de-forme, leurs redingotes serrées à la taille, leurs châles, leurs grandes

1. PW, p. 121 (B4a, 1) [LP, p. 97].
2. Cité *in* PW, p. 121 (B4a, 1) [LP, p. 97].
3. PW, p. 130 (B9,1) [LP, p. 104].

pamélas, leurs petits brodequins d'étoffes, semblent grotesques à la génération qui suit, grotesques aussi dans leurs gestes et dans leurs poses. La nouveauté permet alors au fils de resexualiser l'habit, contre son père.

Mais cette nouveauté ne constitue qu'une nouveauté d'apparat, qui récupère en elle ce qu'il y avait de plus ancien. Sous l'apparence du nouveau, la mode reproduit le même ordre social ; dans son vêtement lui-même, elle fait appel à des matières archaïques pour les présenter selon la dernière tendance. La mode va jusqu'à « accouple[r] le corps vivant au monde inorganique »[1] pour présenter ses dernières nouveautés. Les vêtements de la mode donnent ainsi parfois l'impression d'être l'œuvre de la nature elle-même. Sa tendance historicisante trouve, comme dans la fantasmagorie de l'intérieur, son paroxysme dans un alibi naturalisant. La fantasmagorie de la mode donne naissance à des hybrides entre l'être humain et la bête, entre les objets et le cosmos, « une humanité artificielle qui n'est pas le décor passif du milieu formel, mais ce milieu même », tour à tour héraldique, théâtral, féerique, architectural, réglé sur une « poétique de l'ornement »[2]. Elle opère un compromis entre le canon physiologique et la fantaisie des figures. Ainsi, la mode ne s'arrête pas devant les hommes, devant l'histoire ; elle suit le mouvement de la nature. Benjamin trouve un prospectus pour un cosmétique à la mode du Second Empire où le fabricant recommande un produit grâce auquel les dames peuvent « donner à leur teint le reflet du taffetas rose »[3]. Les théories de la mode ressemblent à des théories biologiques. La femme devient nature. Benjamin cite Apollinaire :

> Toutes les matières des différents règnes de la nature peuvent maintenant entrer dans la composition d'un costume de femme. J'ai vu une robe charmante, faite de bouchons de liège […] La porcelaine, le grès et la

---

1. *Exposé de 1939*, PW, p. 66 [LP, p. 51-52].
2. PW, p. 131 (B9a,2) [LP, p. 105].
3. Cité *in* PW, p. 132 (B10a, 2) [LP, p. 106].

faïence ont brusquement apparu dans l'art vestimentaire […] On fait des souliers en verre de Venise et des chapeaux en cristal de Baccarat [1].

Pour le philosophe, cet extrait met en lumière les possibilités « excentriques, révolutionnaires et surréalistes » de la mode, et surtout établit la « corrélation entre le surréalisme et Grandville » [2] dont les fantaisies correspondent à l'esprit de la mode que dévoile le poète. En remettant au goût du jour le suranné, en redonnant une « charge d'atmosphère » aux vêtements, en intégrant les énergies cosmiques à la vie quotidienne, la mode se fait elle-même « devancière » du surréalisme [3]. Grandville, lui aussi précurseur du surréalisme, la pousse à ses conséquences les plus extrêmes, et en révèle la nature : la mode arrange le « spectacle dialectique » de « la naissance de ce qui est, à une époque, tout nouveau parmi les choses ordinaires » [4]. « Ce qu'il y a de plus nouveau lorsqu'il apparaît parmi les choses les plus anciennes, les plus ordinaires, les plus habituelles » donne le ton, autrement dit l'apparition des dernières nouveautés au beau milieu de l'histoire originaire mêlée à la vie quotidienne. Or, avec ses illustrations, Grandville offre la « grandiose présentation de cette dialectique » : un nouvel éventail devient celui « d'Iris », sous la forme d'un arc-en-ciel ; la voie lactée figure une avenue éclairée la nuit par des becs de gaz ; la lune repose sur des coussins de peluche à la dernière mode [5]. Les œuvres de Grandville aménagent de véritables « cosmogonies » de la mode, au point que Benjamin propose d'intituler une partie de son œuvre « le combat de la mode et de la nature » [6].

Tout comme chez Grandville, la mode « étend son autorité sur les objets d'usage courant aussi bien que sur le cosmos » [7]. Par ses utopies graphiques, Grandville révèle que « dans ce siècle très sec, et

1. Cité *in* PW, p. 119 (B3a, 1) [LP, p. 95] et in *Exposé de 1939*, PW, p. 66 [LP, p. 52].
2. PW, p. 116-117 (B2a, 9) [LP, p. 93].
3. PW, p. 112-113 (B1a, 2) [LP, p. 90].
4. *Exposé de 1939*, PW, p. 66 [LP, p. 51].
5. PW, p. 112-113 (B1a, 2) [LP, p. 90].
6. PW, p. 120 (B4,5) [LP, p. 96-97].
7. *Exposé de 1939*, PW, p. 66 [LP, p. 51].

sans aucune imagination, toute l'énergie onirique d'une société s'est réfugiée, avec une ardeur redoublée, dans le royaume nébuleux, silencieux et impénétrable de la mode, là où l'entendement ne pouvait la suivre » [1]. Mais l'imagination, elle, la suit.

Comme Benjamin le note encore chez Simmel, l'invention de la mode s'intègre « à l'organisation objective du travail dans l'économie » [2]. Les intérêts de la division des classes ne constituent cependant qu'une des causes du perpétuel changement de la mode. Une deuxième cause que Benjamin trouve chez Fuchs, tout aussi importante, réside dans « le mode de production capitaliste qui, dans l'intérêt de ses taux de profit, doit sans cesse accroître ses possibilités de vente ». Et une troisième cause, liée, que leur ajoute Benjamin, renvoie aux « fonctions de stimulations érotiques de la mode », qui attire l'œil de manière chaque fois nouvelle [3].

Mais voici la signification profonde de la mode pour le philosophe : elle « prescrit le rite suivant lequel le fétiche qu'est la marchandise demande à être adoré » [4]. Ce fétichisme de la marchandise doit être entendu avec le fétichisme sexuel qui « supprime les barrières qui séparent le monde organique de l'anorganique » :

> Vêtements et bijoux sont ses alliés. Il est chez lui dans le monde de l'inerte comme dans celui de la chair, et celle-ci lui ouvre même la voie qui lui permet de s'installer dans le premier. La chevelure est un territoire situé à la frontière des deux royaumes du sexe. Un autre s'ouvre à lui dans l'ivresse de la passion : les paysages du corps. Ceux-ci ne sont déjà plus animés, mais ils demeurent encore accessibles au regard, qui laisse cependant de plus en plus au toucher ou à l'odorat le soin de le guider dans la traversée de ces royaumes de la mort [5].

1. PW, p. 112-113 (B1a, 2) [LP, p. 90].

2. Georg Simmel, *Philosophische Kultur*, Leipzig, 1911, cité *in* PW, p. 127 (B7,7) [LP, p. 101-102].

3. Eduard Fuchs, *Illustrierte Sittengeschichte von Mittelalter bis zur Gegenwart. Das bürgerliche Zeitalter*, Munich, cité *in* PW, p. 128 (B7a, 4) [LP, p. 102-103]. *Ibid.* pour les citations suivantes.

4. *Exposé de 1939*, PW, p. 66 [LP, p. 51].

5. PW, p. 118 (B3,8) [LP, p. 94-95].

Ce fétichisme, « sujet au sex-appeal du non-organique », forme le « nerf vital » [1] de la mode, un nerf aussi vital que celui du fétichisme de la marchandise. Ici se rencontrent psychologie et société, infrastructure économique et superstructure onirique. La mode réconcilie le fétichisme de la marchandise et les fantasmes sexuels, ou plutôt, plus exactement, l'inféodation des fantasmes sexuels au fétichisme de la marchandise. Contrairement au chapeau masculin, rigide et à la signification plutôt politique, le chapeau féminin exprime des tendances érotiques très différentes et avec une grande latitude, et donne même parfois des indications sur l'utilisation sexuelle des vêtements. Ainsi, Helen Grund formule l'hypothèse, « ingénieuse » pour Benjamin, selon laquelle un type de chapeau contemporain de la crinoline, la capote, donne le mode d'emploi sexuel de la crinoline pour les hommes [2].

Cela résulte d'une évolution qui, de l'époque romantique à celle de Napoléon III, a fait passer l'idéal érotique de « la grisette qui se donne » à « la lorette qui se vend ». Le genre à la mode de l'Empire ? La « grande dame » qui joue à la cocotte, avec ses cols et ses cravates, ses paletots, ses habits à basques, ses tuniques de zouaves, ses dolmans, ses cannes, ses monocles pour la nuance gamine, et ses couleurs criardes et fortement contrastées, comme les cheveux rouges. Mais la prostituée qui « est, par essence, l'incarnation d'une nature envahie par l'apparence de la marchandise », résume le mieux cette association du fétichisme de la marchandise et du plaisir sexuel :

> Elle en a même accru la puissance d'aveuglement parce que, dans le commerce avec elle, entre le plaisir qui, quelque fictif qu'il soit, doit répondre à celui de son client. En d'autres termes, l'aptitude à la jouissance figure elle-même comme dans ce commerce comme valeur, comme objet d'une exploitation, par elle-même comme par son client. Mais, d'un autre côté, on voit ici surgir, trouble mais démesurément

---

1. *Exposé de 1939*, PW, p. 66 [LP, p. 52].
2. PW, p. 131 (B10,1) [LP, p. 105].

agrandie, l'image d'une complaisance qui s'offre à chacun et n'est découragée par personne [1].

La « communauté des femmes » formée par les prostituées rappelle à son client l'image « grossière » et « irréfléchie » d'un communisme primitif – note Benjamin sur les pas de Marx [2]. Il s'agit là d'une fantasmagorie d'émancipation par la chair et d'égalité sexuelle. Benjamin remarque que « l'au-delà du choix qui réunit la mère et l'enfant et l'en deçà du choix, qui réunit la prostituée et son client, se rencontrent en un point unique » qui « caractérise la situation pulsionnelle de Baudelaire » [3]. La seule communauté sexuelle que Baudelaire réalise, c'est avec une prostituée.

La tendance morbide du fétichisme de la marchandise est liée à la tendance morbide du fétichisme sexuel pour Benjamin, là donc où Eros rappelle à lui Thanatos, comme le démontre Freud dans *Au-delà du principe de plaisir*. Dans sa liasse consacrée à Baudelaire, Benjamin écrit : « C'est à la tombée de la même nuit historique que la chouette de Minerve (avec Hegel) prend son envol et qu'Eros (avec Baudelaire), le flambeau éteint devant la couche vide, regarde les étreintes passées » [4]. Là où Hegel, pour Benjamin, fait la paix avec la réalité dans la connaissance, Baudelaire se trouve saisi de la mélancolie du temps heureux passé. La philosophie ne peut prendre son essor que sur la base d'une réalité elle-même déjà constituée. Elle arrive « toujours trop tard », « à la tombée de la nuit ». Chez Baudelaire, Eros arrive lui aussi toujours trop tard, les activités érotiques ont déjà eu lieu. La fête s'est déroulée sans lui, comme celle de la réalité pour le philosophe. Chez Hegel comme chez Baudelaire, le sujet – de la connaissance pour l'un, du désir pour l'autre – a raté quelque chose. Cela « s'est passé » sans lui. Il a raté la constitution de l'objet, et tout ce qu'il peut faire revient à le re-constituer à rebours. Dépité d'avoir raté l'événement, le sujet retourne à lui-même. D'où le *spleen*

---

1. Egon Friedell, *Kulturgeschichte der Neuzeit*, Munich, 1931, cité in PW, p. 125 (B6a,2) [LP, p. 100].
2. PW, p. 802 (X2,1) [LP, p. 667].
3. PW, p. 456-457 (J75a) [LP, p. 378].
4. PW, p. 439 (J67,3) [LP, p. 362].

baudelairien. La tombée de la nuit évoque le moment de défaillance du sujet-philosophe qui, sentant que le monde lui échappe, redouble sa réflexion sur lui-même. Pour Benjamin, c'est au même moment qu'Eros contemple mélancoliquement le lit vide de folles étreintes. Il a éteint sa lampe. La « ruse » de la raison devra faire avec cette tristesse de la séparation de l'homme et de son objet d'amour.

La mode, contre le vivant, « défend les droits du cadavre »[1]. La phrase de Balzac, « rien ne meurt, tout se transforme » se trouve « tout à fait appropriée pour susciter un développement sur la temporalité de l'Enfer : celle-ci ne veut pas connaître la mort ; de même, la mode se moque de la mort ; l'accélération du trafic, le rythme de la transmission des nouvelles qui règle la succession rapide des différentes éditions des journaux, visent à éliminer toute fin brutale, toute interruption ; la mort comme césure est en corrélation étroite avec la ligne droite de l'écoulement divin du temps »[2]. La mode se moque de la mort, la brave sans cesse, joue avec elle, et prétend lui échapper sans cesse ; elle incarne son côté « frivole ». Mais comme la mode cherche par nature les extrêmes, il ne lui reste plus, lorsqu'elle abandonne une forme déterminée, « qu'à se livrer à son contraire exact »[3]. Lorsqu'elle renonce à la frivolité, elle se tourne vers la mort.

La mode se rapproche ainsi de la poésie baroque qui rattache l'image de la femme à celle du cadavre, ou aux démembrements que l'on trouve dans l'allégorie baudelairienne. Benjamin met en avant cette soumission de la mode devant la mort avec le « Dialogue entre la mode et la mort » de Léopardi : « La mode : Monseigneur la mort ! Monseigneur la mort ! »[4] La mode ouvre « le comptoir des échanges dialectiques entre la femme et la marchandise », « entre le désir et le cadavre »[5] :

1. *Exposé de 1939*, PW, p. 66 [LP, p. 52].

2. PW, p. 115 (B2,4) [LP, p. 92].

3. *70 Jahre deutsche Mode*, 1925, cité *in* PW, p. 119 (B3a, 4) [LP, p. 95-96].

4. Leopardi, *Dialogue entre la mode et la mort*, cité in *Exposé de 1939*, PW, p. 66 [LP, p. 51] et en exergue de la liasse B, « Mode », PW, p. 110 [LP, p. 88].

5. Remarquons au passage que le cadavre est du côté du fétichisme de la marchandise.

> Son grand échalas de commis, l'insolent Trépas, mesure le siècle à l'aune, fait lui-même le mannequin, par mesure d'économie, et dirige de sa propre main la liquidation, qu'on appelle en français la "révolution". Car la mode n'a jamais été autre chose que la parodie du cadavre bariolé, provocation de la mort par la femme, échange amer de propos chuchotés avec la putréfaction, entre deux éclats de rire perçants et faux. Voilà la mode. C'est pour cela qu'elle change si rapidement ; elle titille le Trépas et a déjà pris encore une fois une figure nouvelle, lorsque celui-ci la cherche des yeux pour l'écraser. Pendant cent ans, elle lui a rendu coup sur coup. Elle est enfin sur le point de battre retraite. Mais lui, sur les bords d'un nouveau Léthé qui déroule le fleuve d'asphalte au travers des passages, dresse un trophée avec l'armature des putains [1].

Nous avons vu l'obsession érotique de chaque génération voyant dans la précédente l'anaphrodisiaque le plus radical. Elle ne se trompe pas en ce que toute mode comporte ainsi « une satire acerbe de l'amour », « contient en puissance les perversions sous la forme la plus impitoyable qui soit » [2]. Comme l'avait bien vu Baudelaire, toute mode se voit « emplie de résistances secrètes à l'amour » [3]. Comme le client de la prostituée, la mode se soumet au sex-appeal du fétichisme de la marchandise. Son fétichisme s'accomplit comme morbide parce qu'il répond à ce fétichisme-là.

Mais Benjamin voit aussi dans la mode, de même qu'il peut voir dans une « nuance d'opiniâtreté et de sadisme » un soupçon de phalanstère, une anticipation des signes du temps. Si l'artiste possède une grande sensibilité à l'avenir, la mode « est en contact beaucoup plus constant, beaucoup plus précis, avec les choses qui arrivent […] Chaque saison de la mode, avec ses toutes dernières créations, donne certains signaux secrets des choses à venir. Qui serait capable de les lire, connaîtrait par avance non seulement les nouveaux courants de l'art, mais aussi les lois, les guerres et les révolutions nouvelles. » [4] La

---

1. PW, p. 111 (B1,4) [LP, p. 88-89].
2. PW, p. 130 (B9,1) [LP, p. 104].
3. PW, p. 113 (B1a, 4) [LP, p. 90-91].
4. PW, p. 112 (B1,9) [LP, p. 89-90].

crinoline exprime la vacuité du régime impérial. Les draperies à la mode qui accompagnent la première représentation de *La muette de Portici*, en 1828, annoncent aussi, selon Benjamin, que la révolution de 1830 ne sera « qu'une draperie cachant de simples mutations au sein des classes dirigeantes »[1]. Ainsi, la mode présente des signes annonciateurs des événements à venir. Cela tient à ce qu'elle se voit plongée dans l'obscurité de l'instant vécu et participe de la conscience onirique du collectif.

mythe

Le capitalisme constitue pour Benjamin un phénomène « naturel » qui s'abat sur l'Europe. Il s'agit d'un sommeil nouveau, plein de rêves, accompagné « d'une réactivation des forces mythiques »[2]. L'éternel retour incarne la « forme *fondamentale* de la conscience mythique, historique-originaire ». Cette conscience n'est pas mythique parce qu'elle est « historique-originaire », se rappelant aux origines des correspondances et du matérialisme anthropologique, mais simplement « parce qu'elle ne réfléchit pas »[3]. Une conscience enfermée dans le mythe, non pas une conscience qui circule – comme l'éveil – entre le mythe et l'histoire, mais qui se plaît par une sorte de compulsion à réitérer la présence du mythe contre l'histoire, comme des archétypes jungiens. Ce retour perpétuel d'un motif caractérise, en l'absence de toute réflexion, « l'essence de l'événement mythique ».

Le mythe ne rappelle pas seulement l'image archaïque d'un temps rêvé. Il cristallise surtout le mouvement aveugle qui répète compulsivement sa présence. Il sécrète la « figure secrète de l'inanité qui est gravée sur le front de certains héros des enfers » : Tantale, Sisyphe (encore lui), ou les Danaïdes. « En reprenant la pensée de l'éternel retour au XIXe siècle, Nietzsche incarne celui pour lequel s'accomplit une nouvelle fois la fatalité mythique »[4], l'homme

1. PW, p. 120 (B4,3) [LP, p. 96].
2. PW, p. 494 (K1a, 8) [LP, p. 408].
3. PW, p. 177 (D10,3) [LP, p. 143].
4. PW, p. 177 (D10a, 4) [LP, p. 144].

moderne. L'historicisme du XIXᵉ siècle lui-même se renverse dans l'idée de l'éternel retour, « qui ramène toute tradition, y compris la plus récente, à celle de quelque chose qui s'est déjà déroulé dans la nuit immémoriale des temps antérieurs. La tradition prend ainsi le caractère d'une fantasmagorie dans laquelle l'histoire originaire [*Urgeschichte*] est jouée, dans un accoutrement ultramoderne. »[1] L'historicisme s'édifie sur le revers de l'éternel retour. Pour l'un comme pour l'autre, le plus ancien prend le masque du plus nouveau pour s'imposer sur la scène de l'histoire. La « nouveauté » prend place au cœur des Expositions universelles où foisonnent les images d'une société harmonieuse comme son présent ou son avenir proche. Ainsi, la fin légendaire de l'histoire serait imminente, et l'historicisme peut réécrire le cours de l'histoire sur une ligne temporelle homogène et vide, mais montante, qui annonçait cette fin légendaire.

Du début légendaire à la fin légendaire de l'histoire : voilà la flèche du temps de l'historicisme. La pensée de l'éternel retour dissout l'apparence trompeuse de cette flèche en s'en révélant comme le fondement. Dans l'éternel retour, la dernière nouveauté apparaît comme devant se répéter indéfiniment, et ne représente au fond qu'une vieillerie fichée dans un cycle infini. Dans l'historicisme, l'homme a l'impression d'affronter bravement son destin ; dans l'éternel retour, il se rend compte qu'il reste inexorablement soumis au *fatum*. Dans les deux cas, l'histoire originaire ne surgit pas sur la scène de l'histoire, elle ne figure que pour faire perdurer une histoire qui n'avance pas.

Mais cette perversion de l'histoire originaire jouée sur la scène de l'éternel retour dans un accoutrement ultramoderne possède une origine économique. Elle apparaît « lorsque la bourgeoisie n'osa plus regarder en face l'évolution future du système de production qu'elle avait mis en place ». La volonté de dormir « encore un petit quart d'heure » brodée sur l'oreiller des fantasmagories de l'intérieur se complète de la pensée de Zarathoustra[2]. L'éternel retour exprime au

---

1. PW, p 174 (D8a, 2) [LP, p. 141, trad. modifiée].
2. PW, p. 175 (D9,3) [LP, p. 141].

fond le désir secret d'une classe de dominer pour l'éternité. En confiant à César, et non à Zarathoustra, le soin d'exposer sa doctrine, Nietzsche pressent d'ailleurs la complicité qui existe entre sa doctrine et l'impérialisme [1]. L'idée d'éternel retour cherche à transformer la misère des années 1870 en une « fantasmagorie du bonheur » [2] qui réunit les tendances contradictoires du plaisir, bien vues par Freud : la répétition et l'éternité. Ce faisant, elle a la même fonction que l'héroïsme de Baudelaire qui, quelques années auparavant, transformait la misère du Second Empire en fantasmagorie de la modernité : entretenir l'ordre social.

De même que la valeur d'échange surgit, chez Marx, de la valeur d'usage, toute fantasmagorie surgit, chez Benjamin, de la misère sociale qu'elle occulte. De 1848 à 1871, la fantasmagorie de la modernité jaillit en France de la misère du Second Empire par l'idée de l'héroïsme ; de 1871 à 1873, la fantasmagorie du bonheur émerge en Allemagne de la misère de l'ère des fondateurs par l'idée de l'éternel retour. Cette dernière idée évoque à Benjamin la compulsion de répétition, et la tendance à l'éternité ressemble pour l'auteur à la pulsion de mort découverte dans le texte de Freud, que Benjamin lit et relit entre 1928 et 1939. Ce sentiment océanique ou de nirvana, autrement dit de jouissance à un point de non-douleur, d'ataraxie totale, permet, semble-t-il, d'interpréter la fantasmagorie caractéristique des années qui suivent la dernière défaite du prolétariat, celle de la Commune. Socle de toute fantasmagorie, celle de l'éternel retour exprime une réconciliation sur le mode mythique, mais l'attachement au plaisir s'y transforme en dévouement à une fantasmagorie de plaisir qui cache la résignation devant la maladie et l'asservissement. Les architectures, les modes, et même les conditions atmosphériques, « restent dans le cycle de la répétition éternelle, jusqu'à ce que le collectif s'en empare, dans la politique, et fasse avec elles de l'histoire » [3].

1. PW, p. 175 (D9,5) [LP, p. 142].
2. PW, p. 175 (D9,2) [LP, p. 141].
3. PW, p. 492 (K1,5) [LP, p. 406-407].

L'opposition entre une fantasmagorie bourgeoise et abstraite et une misère ouvrière concrète ne cesse de s'accentuer, écrit Benjamin. Les ouvriers commencent à percevoir la temporalité infernale qui porte la succession de régimes au sein desquels ils n'ont jamais leur mot à dire, comme en témoigne le projet, durant la Commune, de la borne maudite. Mais le capitalisme s'abat sur l'Europe. Il ne laisse aux ouvriers que de brefs éclairs de lucidité. Éternel retour du même : en 1873, une Assemblée démocratique vote la reconstruction de la colonne Vendôme, symbole du despotisme de l'Empire. Elle s'érige à nouveau telle qu'elle était avant sa chute. En 1876, la colonne se voit surmontée de la même statue de Napoléon 1er qui l'ornait à l'origine.

Blanqui lui-même succombe à la fantasmagorie. Lui qui se nourrissait encore dans les années 1830 de l'enthousiasme des utopistes, devient, un peu comme Engels, un anti-Fourier. C'est en vertu de l'hypothèse mécaniste des corps limités et de l'espace illimité que chaque combinaison particulière doit « se répéter des milliards de fois pour faire face aux nécessités de l'infini »[1]. Le « caractère scientifique » de son hypothèse astronomique doit marquer son opposition avec les « enfantillages fouriéristes »[2]. Du même coup, Blanqui sombre plus profondément encore dans les fantasmagories.

Ce Blanqui-là éclipse celui qui écrivait en 1869 que la sacristie, la bourse et la caserne aménageaient « trois antres associés pour vomir sur les nations la nuit, la misère et la mort »[3]. Sa « trahison » (puisque Blanqui, au lieu de rester fidèle à l'histoire, succombe lui-même à une fantasmagorie, celle de l'éternel retour) recèle une grandeur tragique. Elle porte une ironie amère cachée à l'auteur lui-même. « L'ennemi intérieur » l'a vaincu. Le dernier révolutionnaire succombe lui-même aux fantasmagories les plus grandioses, après avoir pourtant donné à voir qu'elles n'étaient au fond que de grandioses hallucinations.

---

1. Auguste Blanqui, *L'éternité par les astres*, cité dans Gustave Geffroy, *L'enfermé*, Paris, 1897, cité *in* PW, p 170 (D6,1) [LP, p. 138].

2. *Ibid.*

3. Auguste Blanqui, *Critique sociale*, Paris, 1885, cité *in* PW, p. 265 (G15,2) [LP, p. 217].

le temps au crochet du chiffonnier

Dans *L'Éternité par les astres*, Blanqui s'adresse aux hommes du XIXe siècle comme à des fantômes tout droit sortis de l'enfer. C'est cet appel désespéré du révolutionnaire enfermé qui fait sens en 1939 pour Benjamin. Car le philosophe, comme tout bon analyste, n'opère pas sa collecte du point de vue de Syrius, c'est-à-dire à partir d'un observatoire extraterrestre dégagé de toute implication sur cette planète. Il part toujours de sa propre expérience. C'est parce que les collectifs de son temps ne parviennent pas à se constituer comme sujets politiques qu'il s'intéresse aux processus de subjectivations politiques à l'œuvre au XIXe siècle. L'histoire du patient interpelle celle de l'analyste ; le passé vient mettre le présent dans une position critique de sommation. Comme l'analyste, le présent est sommé de faire advenir ce qui n'a pas été. Et, comme l'analyste, il ne peut le faire qu'à partir de son propre présent, de l'expérience, de *ce qu'il est*.

La démarche de Benjamin se distingue de celle du scientifique traditionnel (ou du flâneur). Elle est saccadée (comme en témoignent les nombreuses citations que nous utilisons ici) et tient à ce qu'à chaque instant, des désirs enfouis, réfugiés dans des objets devenus « loques » du passé, viennent interpeller le philosophe. Le « temps » de Benjamin n'est pas le même que celui de l'historien traditionnel ; Benjamin marche sur des « différentielles de temps »[1] qui sont pour les autres des « pertes de temps », à tous les sens du terme. Il se « charge de temps », comme « celui qui attend »[2]. Pour lui, rien n'est perdu.

Le philosophe ramasse « tous les déchets et les mutilations de ces temps modernes »[3]. Il faut prendre ici l'expression « temps moderne » non seulement comme l'expérience réellement mutilée de la modernité, mais aussi comme ce temps « homogène et vide » qui jamais n'arrête son massacre. Au fond de la démarche « historico-sociologique » de

---

1. PW, p. 570 (N1,2) [LP, p. 475].
2. PW, p. 164 (D3,4) [LP, p. 132].
3. Guy Petitdemange, « Le seuil du présent. Défi d'une pratique de l'histoire chez Walter Benjamin », dans *Philosophes et philosophies du XXe siècle*, Paris, Seuil, 2003, p. 81.

Benjamin gît une théorie de la connaissance qui se base aussi sur une certaine apperception du temps, dont les fantasmagories incarnent la négation.

Mais comment Benjamin peut-il échapper à cette conscience mythique? Comment peut-il écrire l'histoire sans succomber à la tentation d'une histoire légendaire, d'une société sans contradictions? Comment éviter le piège de l'éternel retour et surtout de son expression la plus visible, le temps « homogène et vide » des historiens qui s'identifient aux vainqueurs de l'histoire? Comment éviter d'emprunter les boulevards monotones d'Haussmann, qui mènent d'un monument de la civilisation occidentale à un autre en niant l'histoire tumultueuse du vieux Paris? Comment éviter de reproduire la répétition du même, de la même domination du capital sur le travail; de retomber dans une apparence de permanence, celle du roulement des machines?

Benjamin a commencé à répondre à ces questions avec la dialectique de l'éveil. Celle-ci consiste à rompre ce flux onirique ininterrompu en le scandant de ses différents lieux d'éveil. Il forme ainsi une autre continuité, une autre tradition, une autre possibilité – « verticale » – de progrès. Il cherche alors à coupler les différents lieux d'éveil aux pôles les plus extrêmes de chaque phénomène le plus concret. Mais cette dialectique doit elle-même être couplée à une dialectique du temps historique. La dialectique du rêve et du réveil doit se redoubler d'une dialectique du passé et du présent. L'éternel retour présente, dans un temps à chaque fois nouveau, d'un événement inscrit dans un cycle, l'événement le plus vieux de tous dont l'ultime expression reste la mort. La dialectique du passé et du présent, répétition incessante du passé dans un faux présent empêchant tout progrès véritable, révèle la vérité du temps linéaire qu'on présente habituellement comme celui du progrès : une apparence de permanence. La légende d'un temps linéaire dissimule l'enfer de l'éternel retour du même, lui-même constitué par l'enfer des usines, l'enfer du machinisme soumis au fétichisme de la valeur d'échange.

Le « nouveau » – ou « moderne » – saute par-dessus le passé le plus récent, « ce qui a vieilli », et en rejoignant l'« ancien » – ou l'« antique » – il le supprime. Le « très passé » et le « très présent » nient ainsi l'ayant-été (*das Gewesene*), présent dans ce qui a vieilli, et le strict présent, le « temps du maintenant » (*Jetztzeit*).

Ce mouvement thèse/antithèse débouche sur une série de *fausses synthèses* que la ville cristallise dans son espace : les intérieurs bourgeois, les passages, les Expositions universelles, les boulevards et le modern style. En elle, le moderne et l'antique s'entremêlent pour refouler les conditions présentes et ce qui vient *réellement* de passer et que l'on vient d'oublier, un peu comme un psychopathe oublie ce qu'il vient réellement de vivre au profit de ses propres délires. Le présent mobilise l'histoire originaire (*Urgeschichte*) pour effacer ce qui vient de passer (*das Gewesene*), ce qui vient juste de vieillir (*das Veraltete*), et maintenir ainsi un présent perpétuel, éternel, avec l'illusion d'une réconciliation dans un avenir proche, qui pourtant n'arrive jamais. Chez l'historien ingénu, ce mirage prend forme dans l'idée d'une fin légendaire de l'histoire au bout d'un temps linéaire généralement appelé « progrès ».

> La croyance au progrès, à une perfectibilité infinie – une tâche infinie de la morale – et la représentation de l'éternel retour sont complémentaires. Ce sont les antinomies indissolubles à partir desquelles il faut développer le concept dialectique de temps historique. Par rapport à ce dernier, la représentation de l'éternel retour apparaît comme le "rationalisme plat" que la croyance au progrès a la réputation d'être, et la croyance au progrès semble autant relever de la pensée mythique que la représentation de l'éternel retour [1].

Face à toutes ces manifestations de « fausse synthèse » du passé et du présent (éternel retour, temps homogène de l'historien, masque historicisant des dernières nouveautés), Benjamin développe une dialectique du passé et du présent qui s'oppose aux fausses synthèses de l'ancien et du nouveau. Benjamin l'appelle synthèse de l'ayant-été (*das Gewesene*) et du temps du maintenant (*Jetztzeit*). Elle se manifeste comme image dialectique qui immobilise ces forces assoupies du passé et du présent dans une seule image. Celle-ci figure en même temps les traits les plus régressifs et les plus progressifs de l'image archaïque, des désirs en miettes de l'inconscient collectif.

1. PW, p. 177 (D10a,) [LP, p. 144].

Benjamin cherche à détruire ces fausses synthèses au profit d'une *synthèse véritable*. L'image dialectique surgit de la tentative de fixer ces deux côtés (le plus ancien, le plus nouveau) dans un *instantané* destructeur de leur magie. Elle doit entraîner la synthèse véritable, celle qui nie les apparences illusoires de la fantasmagorie. Elle dément *simultanément et dialectiquement* le « nouveau » en contractant « ce qui est présent » (*das Gegenwärtige*) dans le *maintenant (das Jetzt)* et l'« ancien » en contractant « ce qui est passé » (*das Gewesene*) dans le *passé (das Vergangene)*.

L'historien doit se dégager du jeu temporel des fantasmagories : comme elles, il est saisi dans un présent mobile, complexe, tournoyant, pouvant s'abattre sur un passé fixe, massif et immuable. Il faut renverser ce rapport. C'est la « révolution copernicienne » à accomplir dans la vision de l'histoire : le présent doit rester fixe, et le passé, mobile, lui tourner autour. D'autre part, alors que l'historien traditionnel voit dans le présent une certaine complexité, un certain chaos, une certaine incertitude, et dans le passé un mouvement unidirectionnel simple et bien défini ; alors qu'il voit dans le présent un ensemble d'événements très petits et très nombreux, et dans le passé un ensemble d'événements importants et assez peu nombreux, l'historien matérialiste, lui, doit percevoir dans le présent un ensemble de faits « lourds » et « massifs », et dans le passé un ensemble de faits « jamais assez nombreux ni assez petits »[1]. C'est pour Benjamin la balance de la connaissance historique, un peu comme la balance de la connaissance psychanalytique se caractérise par un présent brut et massif auquel seuls des petits événements du passé peuvent se rapporter en nombre. Benjamin appelle alors le passé « l'ayant-été » (*das Gewesene*), qu'on sait maintenant être ce qui vient juste de passer qui porte en lui « l'ayant-été-de-toujours », qui renvoie, lui, à « l'histoire originaire » (*Urgeschichte*), l'histoire telle qu'elle porte le sceau de l'origine (*Ursprung*, qu'on pourrait traduire aussi par « saut originaire ») en elle, l'histoire telle que l'historien matérialiste peut la saisir à travers

---

1. PW, p. 585 (N6,5) [LP, p. 485, trad. modifiée].

ses saillies, ses fêlures, ses « sauts » (*Sprung*) qui permettent de « faire sauter » (*Herausspringen*) l'histoire continue, homogène et vide.

L'ayant-été incarne alors une figure du passé aux antipodes de l'ancien. Il fonctionne dans une relation dynamique à l'histoire, tandis que l'ancien a une fonction narcotique, dans la réalité comme dans le récit de l'historien. L'ayant-été a à voir avec l'éveil : chez Benjamin, il n'est pas oublié mais devient au contraire « renversement dialectique et irruption de la conscience éveillée ». Un peu comme, sur le divan, un déchet de ma vie onirique d'hier revient me frapper, me rappelant mes désirs les plus chers, et « m'éveillant » : « les faits deviennent quelque chose qui vient seulement de nous frapper, à l'instant même, et les établir est l'affaire du souvenir [*der Erinnerung*] [1] ». L'éveil au petit matin, dans ce moment de demi-sommeil où Proust cherche, en déplaçant expérimentalement les meubles de la chambre, à savoir où il se réveille, et que dans le même effort semi-conscient virevoltent autour de lui toutes les chambres où il a effectivement dormi, tout ce qu'il a été et ce qu'il aurait pu être, forme le « paradigme » de ce souvenir. Cela répond à ce que Bloch appelle « l'obscurité de l'instant vécu » : « le plus proche, le plus banal, le plus manifeste », recèle des « différentielles de temps », l'opportunité de sauter hors de la flèche du temps, de contracter le temps jusqu'à le faire exploser vers de nouvelles possibilités. Cette obscurité recèle chez Proust et chez Bloch un « savoir-non-encore-conscient » de « l'ayant-été » (qui renvoie toujours *en même temps*, même s'ils ne se confondent pas, à « l'ayant-été-de-toujours », à l'histoire originaire), et ce savoir contient en lui, comme le rêve, des lieux d'éveil, la « structure du réveil ». Il faut établir ce phénomène vécu par des individus tels que Proust ou Bloch, mais sur le plan collectif de l'histoire, alors inféodé à la « politique » [2].

L'ayant-été d'une époque déterminée renvoie à « l'ayant-été de toujours » [3] dans l'image dialectique. Celle-ci figure la dialectique de

---

1. PW, p. 490-491 (K1,2) [LP, p. 405-406, trad. modifiée].
2. PW, p. 490-491 (K1,2) [LP, p. 405-406].
3. PW, p. 580 (N4,1) [LP, p. 481, trad. modifiée].

l'éveil en maintenant en tension lieux d'éveil au sein du rêve et lieux de rêve au sein de la vie éveillée. Mais l'image dialectique aménage aussi une dialectique qui maintient en tension les lieux du passé au sein du présent et les lieux du présent au sein du passé, entre « l'actualisation du passé » et « l'historisation du présent »[1]. L'image dialectique forme une monade, un champ de tension de ceux enchevêtrements dialectiques, celui de la conscience et celui du temps.

> L'image dialectique est cette forme de l'objet historique qui satisfait aux exigences de Goethe concernant l'objet d'une analyse : révéler une synthèse authentique. C'est le phénomène originaire (*Urphänomen*) de l'histoire[2].

Là où la fantasmagorie produit des fausses synthèses du passé et du présent, l'image dialectique opère une synthèse « authentique », révèle le phénomène « originaire » de l'histoire, montre en quoi l'histoire porte le sceau de l'origine. Mais que l'histoire soit originaire ne signifie pas qu'elle le soit à la Jung, à la Klages ou à la Heidegger. Ce n'est pas la nature contre l'histoire qui se joue ici :

> Ce qui distingue les images des "essences" de la phénoménologie, c'est leur marque historique. (Heidegger cherche en vain à sauver l'histoire pour la phénoménologie, abstraitement, avec la notion d'"historialité"). Ces images doivent être tout à fait distinguées des catégories des "sciences de l'esprit", de ce qu'on appelle l'habitus, du style[3].

L'expérience de la dialectique revient avant tout à une dialectique de la durée. Il n'y a pas de « progrès ». Le devenir s'articule dans la succession de renversements dialectiques (en tant que fausse synthèse, succession de négations du plus récent par la dialectique du plus ancien et du plus nouveau). Et cette expérience éminemment dialectique (en tant que vraie synthèse) correspond à l'éveil. L'éveil en effet ne configure pas un « progrès » de la conscience vers de plus en plus d'éveil, mais le lieu de passage brusque de l'état profond de

---

1. Philippe Ivernel, « Paris, capitale du Front populaire », dans *Walter Benjamin et Paris*, Heinz Wismann (dir.) Paris, Les éditions du Cerf, 1966, p. 264.

2. PW, p. 592 (N9a, 4) [LP, p. 491].

3. PW, p. 577-578 (N3,1) [LP, p. 479, trad. modifiée].

rêve à celui du réveil, le moyen du retournement du sommeil au réveil. Le rêve perd d'un coup son aspect réel : on comprend que la réalité consiste en un rêve. Mais alors que l'on se rend compte que l'on a pris ses désirs pour la réalité, la réalité elle-même reste ébranlée de désirs : la dialectique du plus onirique et du plus réveillé, niant l'état de veille le plus récent, demeure possible. Ainsi, l'histoire n'est plus l'assoupissement de ce qui a été dans l'« il était une fois », mais « l'art de voir le présent comme un monde éveillé auquel ce rêve que nous appelons l'ayant-été se rapporte en vérité », l'art de saisir l'appel onirique du passé dans le présent. « Refaire l'ayant-été dans le souvenir du rêve ! » : rejouer le passé, un peu comme l'on rejoue un traumatisme sur le divan, dans le « souvenir », là où les choses nous « frappent », venu des désirs les plus profonds, les plus refoulés. La révolution copernicienne de la vision de l'histoire représente alors *l'éveil* comme révolution dialectique de la « remémoration »[1], apparition du souvenir « involontaire » au milieu des associations de déchets de la vie consciente.

L'image dialectique est, dans cette dialectique de l'ayant-été et du temps du maintenant, une constellation, comme dans la dialectique du rêve et du réveil, ou dialectique de l'éveil. Il y a donc des passages entre une dialectique et l'autre. Le thème de la constellation apparaît fréquemment dans la pensée de Walter Benjamin et occupe une place de choix dans la *Préface épistémo-critique* de son travail sur le drame baroque :

> Les idées sont aux choses ce que les constellations sont aux étoiles. [...] Chacune des idées est un soleil, et entretient avec les autres idées le même rapport que les soleils entre eux. La relation musicale de ces essences est la vérité[2].

Une dizaine d'années plus tard, dans son travail sur les passages parisiens, il écrit :

---

1. PW, p. 491 (K1,3) [LP, p. 406].
2. Préface épistémo-critique, I, p. 214 et 217 [Origine du drame baroque allemand, p. 31 et p. 34].

> La marque historique des images n'indique pas seulement qu'elles appartiennent à une époque déterminée, elle indique surtout qu'elles ne parviennent à la lisibilité qu'à une époque déterminée. Et le fait de parvenir "à la lisibilité" représente certes un point critique déterminé dans le mouvement qui lui est intérieur. Chaque présent est déterminé par des images qui sont synchrones avec lui ; chaque maintenant est le maintenant d'une connaissabilité déterminée. Avec lui, la vérité est chargée de temps jusqu'à en exploser. (Cette explosion, et rien d'autre, est la mort de l'*intentio*, qui coïncide donc avec la naissance du véritable temps historique, du temps de la vérité.) [1].

Pour Benjamin (alors déjà « dialecticien », écrit-il à un ami, mais « pas encore matérialiste » [2]), la recherche de l'origine du drame baroque allemand passe par la recherche des extrêmes dans toutes les manifestations de ce genre de manière à former une constellation, alors une constellation d'idées. Les phénomènes (pièces baroques) constituent le monde de l'immanence pendant que les idées (idées du baroque) forment celui de la transcendance. Dans l'immanence, seule la connaissance est possible, pendant que dans la transcendance, seule la vérité est présente. La vérité ne peut alors être l'objet de l'intention du chercheur ; il s'agit bien au contraire pour lui de s'immerger, *sans la moindre intention*, dans l'objet de son étude, d'en *collecter* les détails, jusqu'à ce qu'il puisse dissoudre la fausse unité qui se présente d'abord en ayant pu, par la recherche des extrêmes, disperser les phénomènes en « éléments ». Il s'agit, dans les *Passages*, du « temps de la vérité ». Le « devenir élémental » des phénomènes instaure ainsi la voie destructrice de la belle et fausse apparence pour accéder aux idées véritables.

Benjamin observe dans le détail des phénomènes apparents présents dans le monde empirique. Il en détache les extrêmes, qui forment progressivement les moments d'une constellation (ou « concepts », dans le langage du *Trauerspiel*). Enfin, la constellation lui apparaît, illuminant les phénomènes observés au départ, les « sauvant ». Dans le *Trauerspiel*, le nouvel agencement des phénomènes

---

1. PW, p. 577-578 (N3,1) [LP, p. 479, trad. modifiée].
2. Lettre à Rychner du 7 mars 1931, GB 4, p. 18 [*Corr. II*, p. 43].

en concepts ouvre à une nouvelle configuration de type relationniste, celle, auto-présentée, des « idées ». Le concept forme le pôle médiateur, au niveau élémental, du monde empirique des phénomènes et du monde transcendantal des idées. Les étoiles constituent l'immanence, les constellations la transcendance, et les étoiles sont sauvées en tant que phénomènes aussitôt qu'elles se dissolvent dans les constellations qu'elles permettent de présenter. Seul le concept permet de décomposer un amas d'étoiles, par la considération de ses extrémités, en éléments caractéristiques qui annoncent des configurations nouvelles : les constellations. Ainsi un ensemble particulier de planètes, sans continuité spatiale mais selon une certaine continuité figurative, peut former la constellation d'Orion, de Pégase ou de l'Eridan. La bonne distance entre les planètes, leur isolation telles des monades et leurs relations en fonction de la figure du chasseur légendaire (Orion), du cheval ailé (Pégase) ou du fleuve sinueux (Eridan) donne la condition de la constellation, et chaque planète contient en elle cette constellation et la représentation de l'univers. La « relation musicale » ou rythmique qui rappelle le caractère symbolique du mot dénomination à l'origine de la constellation, forme la vérité [1]. Il en va de même pour les images dialectiques dans *Paris, capitale du XIX*e *siècle* : « Seules les images dialectiques sont des images authentiques (c'est-à-dire non archaïques) ; et le lieu où on les rencontre est le langage. » [2]

Benjamin a abandonné, dans son livre sur les passages, le caractère idéaliste de sa pensée d'alors. Mais si elle ne se veut « pas encore matérialiste », comme il le dit lui-même, elle est« déjà dialectique ». Or, ce qui nous intéresse ici, c'est précisément cette dialectique en tant qu'elle prend sens dans la « constellation » d'un singulier chiffonnier. Car le procès ne consiste pas en un processus progressif dont le concept serait l'étape intermédiaire ; il s'agit bien plutôt d'une marche dialectique dont le concept constitue le pivot du renversement : *à force d'immersion dans les détails, les phénomènes se sauvent d'eux-*

1. C'est ainsi qu'il faudrait comprendre à la fois le caractère linguistique théologique (langue pure) de la théorie benjaminienne de la connaissance en même temps que le caractère figuratif et fragmentaire qui s'y rapporte comme sa remémoration.

2. PW, p. 576-577 (N2a, 3) [LP, p. 478, trad. modifiée].

mêmes par la présentation, en eux, des idées. En cela, la dialectique reste dans le livre sur le baroque « témoin de l'origine » (*Ursprung*) : il importe avant tout de voir les relations entre les phénomènes extrêmes, car elles les sauvent en même temps qu'elles présentent les idées. La *relation* est la chose déterminante ici : en même temps dialectique et immédiate, préfiguration de la « dialectique à l'arrêt », elle sauve les phénomènes et elle présente les idées. Le terme de *constellation* résume les dimensions dialectique et figurative de ce procédé. La constellation regroupe un nombre déterminé d'étoiles fixes suffisamment espacées pour se distinguer les unes des autres, et suffisamment proches entre elles pour former une figure. Cette relation figurative contient deux dialectiques : d'une part, elle réunit les extrêmes (des étoiles opposées l'une à l'autre que seule la figure totale relie) ; d'autre part, elle fait voir *simultanément* le plus concret (chaque étoile) et le plus abstrait (la figure), et ceci parce que cela.

Prise dans le complexe des *Passages*, cette simultanéité pose problème à Adorno parce qu'elle institue, en quelque sorte, la simultanéité du concret et de l'abstrait, de la base et de la superstructure, de la société et de la psychologie, et cela *sans médiation* entre les uns et les autres. Pourtant, cela même fait la singularité de la pensée de Benjamin. Le propre de sa dialectique n'est pas d'être négative, mais *à l'arrêt*. « L'ayant-été rencontre le temps du maintenant dans un éclair pour former une constellation » : la base apparaît au lieu même de la superstructure, la psychologie apparaît au lieu même de la société, l'éveil apparaît au lieu même du rêve, et le passé surgit au lieu même du présent, non pas seulement tel qu'il l'a préfiguré, mais aussi comme ce qui pourrait le transformer. Il y a une possibilité de *connaître* dans le lieu de la plus grande actualité, habituellement déterminé par des images : il s'agit du temps possible de la vérité, celui de la constellation.

L'origine des passages – origine « économique » au double sens de *Wirtschaft* – fut découverte dans ce lieu de la *praxis* où l'ancien et le nouveau, la vérité et la factualité, l'action et le rêve, le passé et le présent se trouvent unis tels dans une monade, dans la structure monadologique de l'objet dégagée par la collecte d'un chiffonnier ramassant les éléments dispersés d'une véritable expérience historique. Cette constellation figure la forme élémentaire de la vie moderne, et elle ne peut être véritablement visée que depuis l'expérience historique concrète de celui qui la présente, pris entre la menace grandissante du fascisme et les espoirs fatigués du communisme au sein de la société de consommation naissante.

Il échappe à Benjamin un lapsus dans son écriture de l'histoire, qui trahit sa démarche sans cesse interrompue par le présent lorsqu'il cherche à écrire le passé : « Lorsqu'il a transformé Paris sous le *Troisième Empire* [*des dritten Kaiserreiches*, sic], le baron Haussmann s'est enivré de ces perspectives et a cherché à les multiplier autant que cela était possible. »[1] Il veut écrire, bien sûr, « Second Empire ». Mais le trait implacable des perspectives haussmanniennes « télescope » en quelque sorte la compacité de l'architecture des régimes totalitaires. L'ivresse qui fait surgir des rues de nulle part et n'allant nulle part compose l'ivresse d'un régime prétendument sorti du cours de l'histoire, mais en réalité pris dans un éternel retour sans fin ni but, dans une temporalité infernale source de toutes les barbaries.

Dans une lettre à Adorno datée du 18 mars 1934, Benjamin écrit qu'il espère retrouver sa place à la Bibliothèque nationale pour reprendre son travail sur les passages :

> L'exécution de ce travail serait en effet arrachée à l'"actualité" [*Jetztzeit*] – tant par moi que par ce qui me la rend possible. Une exécution qui représenterait un *anachronisme au meilleur sens du terme : parce que cet anachronisme, je l'espère, est moins fait pour galvaniser un passé que pour anticiper un avenir plus digne de l'homme*[2].

Cela ne signifie pas que l'image, l'événement ou le fait social soient essentiellement intemporels, absolus ou éternels, pas plus qu'ils ne sont temporels, relatifs ou éphémères. Au contraire, on ne peut reconnaître leur temporalité que dans la dialectique d'un élément d'histoire et d'un élément d'anachronisme, une dialectique de l'actualité et de l'inactualité.

---

1. *Passages parisiens II*, PW, p. 1049 [LP, p. 874].
2. Lettre à Adorno du 18 mars 1934, PW, p. 1102 [*Corr. A-B*, p. 80]. Nous soulignons.

Une praxis actuelle répond ainsi à une praxis inactuelle, et dans cette réponse se retrouve le rêve (et les cauchemars) très ancien de ses parents et les périples très nouveaux de sa vie éveillée. Car la praxis, aussi originelle qu'elle soit, ne l'est que parce que nous la faisons revivre telle à chaque instant, qu'on en ait conscience ou non.

Envers mécanique de l'utopie dont l'endroit consiste en des images fantasmagoriques, la mission de la « seconde technique » consiste à jouer comme elle le fait déjà avec les énergies de la matière entre l'homme et le cosmos, mais dans un paradigme qui ne ressemble plus à celui, destructeur, de l'exploitation de l'homme par l'homme. Car ce dernier paradigme crée dans la mauvaise pratique (*praxis* en voie de se dissocier et d'aliéner l'homme) la représentation d'une nature hostile qu'il faut parvenir à exploiter aussi bien que les autres hommes, et comprime son énergie au point de la rendre effectivement menaçante pour l'humanité. La guerre n'en constitue que l'exemple le plus frappant. Elle forme l'expérience historique de la dissociation de la praxis, expérience d'une vie mutilée qui appelle, depuis ce qui reste de la praxis (énergie surannée des draperies qui sentent le moisi d'un côté, énergie refoulée du principe de construction de l'autre), la praxis en son entier. Au fond, Benjamin fait une science de cette praxis-là, dont le moment descriptif coïncide anachroniquement avec le moment normatif.

Le présent s'unit au passé dans le tourbillon de l'origine pour le chiffonnier qui, lors de sa collecte d'une mosaïque d'événements, veut bien le voir. Mais la société naissante du XIXᵉ siècle a mis sur ce tourbillon un voile, une permanence d'apparence, qui ne se déchire que pour laisser entrevoir la seule répétition du même. « La spécificité de l'expérience dialectique est de dissoudre l'apparence du toujours-le-même et même de la simple répétition dans l'histoire. »[1] Seule « l'authentique expérience politique » reste absolument libre de cette apparence, et non pas une écriture de l'histoire comme celle, fantasmagorique, de l'historien traditionnel. En dernière analyse, la démarche historico-sociologique réside non seulement dans une

---

1. PW, p. 591 (N9,5) [LP, p. 491, trad. modifiée]. *Ibid.* pour la citation suivante.

démarche de psychanalyste, mais aussi et en même temps, et ceci parce que cela, d'activiste politique : il cherche à allumer la mèche du passé du sein du présent, un peu comme l'analyste conduit à réactiver les souvenirs enfouis ici et maintenant. Du point de vue épistémologique, l'anachronisme est son maître mot. Comme l'image dialectique, l'éveil contracte la constellation qui réunit à ses deux extrêmes le passé et le présent. Benjamin note ailleurs que cet éveil ne renvoie plus au travail théorique de l'historien (interpréter les rêves), mais à l'action politique, à la révolution (ou « innervation ») en tant que véritable actualisation de l'utopie au présent. L'image dialectique est à la théorie ce que l'éveil est à la praxis : une interpénétration du passé et du présent, de la conscience onirique et de la conscience réveillée. Ainsi, « la présentation matérialiste de l'histoire conduit le passé à porter le présent dans une situation critique »[1].

Benjamin renonce à l'élément « épique » de l'histoire, faisant « sauter » l'époque en dehors de sa continuité réifiée. Mais il fait également sauter « l'homogénéité de l'époque » elle-même. Il « la remplit d'écrasite, c'est-à-dire de présent. »[2] Interpellé par le passé, le présent le bourre de dynamite, et fait sauter ses faux-semblants. Mais comment le présent est-il interpellé par le passé ? La méthode dialectique évoque habituellement une méthode de spécification historique, elle tente de rendre justice à chaque fois à la situation historique concrète de l'objet qu'elle étudie. Il s'agit du matérialisme tel qu'il s'oppose, dès *L'idéologie allemande*, à l'idéalisme. Mais pour Benjamin, cela ne suffit pas. S'il faut se détourner absolument du concept de « vérité intemporelle » qui fausse les lectures du passé et de la société, ce n'est pas seulement parce que la vérité constitue une « fonction temporelle de la connaissance ». C'est aussi et surtout parce qu'elle demeure liée « à un noyau temporel présent en même temps dans ce qui est connu et dans celui qui connaît »[3] : il importe

1. PW, p. 588 (N7a, 5) [LP, p. 488, trad. modifiée].

2. PW, p. 592-593 (N9a, 6) [LP, p. 492, trad. modifiée].

3. « Cela est tellement vrai que dans tous les cas l'éternel est plus une ruche sur une robe qu'une idée. », PW, p. 578 (N3,2) [LP, p. 480, trad. modifiée].

« de rendre justice à la situation historique concrète de l'*intérêt* qui est porté à son objet », autrement dit de rendre justice au présent en tant qu'il s'intéresse à tel ou tel objet. Plus précisément encore, comme cet intérêt se veut lui-même « préformé » dans cet objet, comme il s'est « concrétisé » en son for intérieur, c'est en quelque sorte cet intérêt du passé qui interpelle le présent. Le présent ne s'intéresse à tel ou tel objet qu'en tant qu'il se trouve interpellé par lui et qu'il essaie de lui rendre justice. L'ayant-été peut ainsi grâce à lui accéder « à la concrétude supérieure de l'être-maintenant »[1]. Cet être-maintenant ne représente pas l'être-maintenant du temps-du-maintenant, mais « un être discontinu, intermittent ». Il ne peut pas représenter une « concrétude supérieure [...] dans le cadre de l'idéologie du progrès, mais seulement dans une vision de l'histoire qui l'outrepasse en tous points ». Dans cette nouvelle vision de l'histoire, la réalité est peu à peu condensée, « intégrée », et, en elle, tous les passés, tout en restant *en son temps* spécifique, peut acquérir « un degré d'actualité supérieur à chaque moment de son existence ». Mais seule « l'image par laquelle et en laquelle il est compris » détermine une telle opération.

Dans cette configuration, l'être-maintenant correspond pour Benjamin à « l'être éveillé » qu'il cherche dans sa dialectique de l'éveil. « Et cette compénétration dialectique et rappel dialectique de circonstances passées est la preuve de la vérité de l'action présente. » Ainsi, seul le présent devient susceptible d'activer un tel processus, plus exactement le présent en sa « vérité », en ce qu'il se trouve sommé par le passé de lui rendre justice. Benjamin peut répéter à propos de ses découvertes dans les passages ce qu'il disait sur l'art :

> L'aspect de l'art du XIXe siècle que j'ai découvert, c'est qu'il n'est connaissable que "maintenant" : il ne l'a jamais été avant et ne le sera jamais après[2].

Dans son essai sur l'œuvre d'art à l'époque de sa reproductibilité technique, qui date de la même époque, il s'agit déjà « d'indiquer

---

1. PW, p. 494-495 (K2,3) [LP, p. 409, trad. modifiée]. *Ibid.* pour les citations suivantes.
2. Lettre à Gretel Adorno du 9 octobre 1935, *Briefwechsel Gretel Adorno-Walter Benjamin*, p. 243 [*Corr. GA-WB*, p. 235].

où dans le présent se situe le lieu exact auquel ma construction historique se rapportera comme à son point de fuite. Si le sujet du livre, c'est le destin de l'art au dix-neuvième siècle, ce destin n'a quelque chose à nous dire que parce qu'il est gardé dans le tic-tac d'une horloge dont l'heure n'a sonné pour la première fois qu'à *nos* oreilles. »[1] Autrement dit, le présent « allume la mèche du matériel explosif qui repose dans l'ayant-été » avec son « authentique figure », qui recèle effectivement des charges révolutionnaires : la mode. Encore une fois, Benjamin se fait plus homme d'action qu'historien, ou plutôt son travail d'historien reste nécessairement inféodé à une nécessité, une contingence politique : « Aborder ainsi l'ayant-été, cela veut dire qu'on l'étudie non pas, comme avant, de manière historique, mais de manière politique, en des catégories politiques »[2] :

> Ce n'est pas que le passé projette sa lumière sur le présent ou que le présent projette sa lumière sur le passé, c'est que l'image est ce en quoi l'ayant-été entre en un éclair avec le maintenant dans une constellation. En d'autres termes : l'image est la dialectique à l'arrêt. Car tandis que le rapport du présent au passé est purement temporel, le rapport de l'ayant-été au maintenant est dialectique : il n'est pas de nature temporelle, mais de nature figurative *"Bildlich"*. Seules des images dialectiques sont des images authentiquement historiques, c'est-à-dire non archaïques. L'image qui est lue – je veux dire l'image dans le maintenant de la connaissabilité – porte au plus haut degré la marque du moment critique, périlleux, qui est au fondement de toute lecture[3].

Une continuité de la présentation de l'histoire reste impossible. L'historien, quoi qu'il en dise, doit toujours sélectionner un fragment du passé à partir du présent, différentes époques du passé touchent

1. Lettre à Horkheimer du 16 octobre 1935, PW, p. 1148 [*Corr. 2*, p. 188].

2. PW, p. 494-495 (K2,3) [LP, p. 409, trad. modifiée].

3. PW, p. 577-578 (N3,1) [LP, p. 479, trad. modifiée]. Une réflexion très stimulante comparant notamment Benjamin avec Kant et Heidegger sur le problème du temps historique de Françoise Proust, « L'entrelacs du temps », dans *L'histoire à contretemps. Le temps historique chez Benjamin*, Paris, Les éditions du Cerf, 1994, p. 19-57, tourne autour du commentaire de cette citation, entre autres. Pour une visée plus concentrée sur Benjamin et plus générale quant à sa pensée, voir le livre très éclairant de Jeanne-Marie Gagnebin, *Histoire et narration chez Walter Benjamin*, Paris, L'Harmattan, 1994.

le présent de l'historien de différentes manières. Surtout, « souvent le passé le plus récent ne l'atteint nullement », et « le présent "ne lui rend pas justice" »[1]. « Ce qui arrive » (*das Geschehen*) encercle l'historien qui se voit obligé d'y prendre part, et ce qui arrive reste toujours à la base de sa présentation, « comme un texte écrit à l'encre sympathique ». L'histoire qu'il écrit ne peut être rien d'autre qu'une suite de citations au sein du texte du présent. Et « ce sont seulement elles qui se présentent d'une manière lisible pour chacun ». En ce sens-là, écrire l'histoire signifie « citer » l'histoire. Il s'agit à la fois d'une citation à comparaître du passé vis-à-vis du présent, qui met le présent dans une position difficile, dans une position de subordonné, et en même temps une citation du passé lui-même au sein du présent[2]. Ces citations sont comme autant de « saillies » (*Sprung*), de « sauts » du passé en dehors de son contexte, qui permettent de faire le « saut du tigre » (*Tigersprung*) de la révolution.

Pour le matérialisme qui a réussi à surmonter la « forme habituelle de la pensée bourgeoise », qui a enfin « annihilé en lui l'idée de progrès » selon l'objectif méthodologique du *Livre des passages*, le concept fondamental n'est plus le progrès, mais *l'actualisation*[3]. Il s'agit d'actualiser le passé. Or, « pour qu'un morceau du passé soit atteint par l'actualité, il faut qu'entre les deux il ne subsiste aucune continuité »[4]. Il y a moins une continuité qu'un « télescopage du passé à travers le présent »[5]. La « structure monadologique » de l'objet, lorsqu'on la reconnaît, le fait « sauter » du *continuum* du cours de l'histoire et de la société[6].

> L'immobilisation des pensées fait, autant que leur mouvement, partie de la pensée. Lorsque la pensée s'immobilise dans une constellation saturée de tensions, apparaît l'image dialectique. C'est la césure dans le mouvement de la pensée. Sa place n'est naturellement pas arbitraire. Il

1. PW, p. 588 (N7a, 2) [LP, p. 488, trad. modifiée].
2. PW, p. 595 (N11,3) [LP, p. 494].
3. PW, p. 573 (N2,2) [LP, p. 477, trad. modifiée].
4. PW, p. 587 (N7,7) [LP, p. 487, trad. modifiée].
5. PW, p. 588 (N7a, 3) [LP, p. 488, trad. modifiée].
6. PW, p. 594 (N10,3) [LP, p. 493, trad. modifiée].

faut, en un mot, la chercher là où la tension entre les contraires dialectiques est la plus grande. L'objet même construit dans la présentation matérialiste de l'histoire est donc l'image dialectique. Celle-ci est identique à l'objet historique ; elle justifie qu'on l'ait fait sauter du continuum du cours de l'histoire[1].

L'image dialectique rend ainsi justice à la structure monadologique d'un phénomène historique. C'est une confrontation historique qui détermine l'intérieur de ce phénomène comme en des entrailles où se révèlent, en miniature, toutes les forces en présence[2]. Mais l'image dialectique n'y parvient que lorsqu'elle est reconnue par le présent comme une saillie, une fêlure, qui l'interpelle, car en même temps « c'est le présent qui polarise l'événement en pré- et post-histoire »[3]. La pré-histoire de Baudelaire serait, selon ce schéma, l'allégorie baroque ; sa post-histoire, le modern style[4]. On peut supposer que le modern style accomplit aussi, comme il nous a semblé l'avoir vu, la post-histoire des fantasmagories de l'intérieur. Une note de Benjamin suggère que la post-histoire des destructions haussmanniennes se trouve dans Guernica. Sa pré-histoire, on pourrait la voir chez Louis-Philippe cherchant à paver Paris de bois pour étouffer toute révolte de rue. La post-histoire de la philanthropie triomphe (note Benjamin dans le livre sur Baudelaire), grâce aux procédés inhumains de la bureaucratie des Etats totalitaires. Leurs « assassins facétieux » héritent

1. PW, p. 595 (N10a, 3) [LP, p. 494, trad. modifiée]. C'est en ce sens que le concept authentique de l'histoire, pour Benjamin, est « messianique » : non pas en ce que la société serait susceptible de se transformer en théocratie, ce que Benjamin refuse avec force dès son *Fragment théologico-politique*, mais essentiellement en ce que le « messianique » est une interruption du temps homogène et vide. « Le concept authentique de l'histoire universelle est un concept messianique. L'histoire universelle, telle qu'elle est comprise aujourd'hui, est l'affaire des obscurantistes. », PW, p. 608 (N18,3) [LP, p. 504]. De même, l'historien ne se fait théologique que lorsqu'il affronte une temporalité infernale, qu'il faut lire, selon Benjamin, avec des catégories théologiques, c'est-à-dire « politiques », en termes d'« interruption » et d'« innervation ».

2. PW, p. 594 (N10,3) [LP, p. 493].

3. PW, p. 588 (N7a, 8) [LP, p. 488, trad. modifiée]. « Le présent détermine dans l'objet du passé, pour circonscrire son noyau, le point où il se scinde en sa pré- et sa post-histoire. », PW, p. 596 (N11,5) [LP, p. 494, trad. modifiée].

4. PW, p. 594 (N10,3) [LP, p. 493].

d'un certain humour morbide de Baudelaire. Le régime publicitaire de la propagande fasciste[1] reprend quelque chose du sensationnalisme bourgeois du XIXᵉ siècle. Et la post-histoire des Expositions universelles, avec sa concentration des masses dans une attitude « toute de réaction », trouve un débouché funeste dans l'esthétisation fasciste de la politique.

La présentation dialectique de la structure monadologique polarise ainsi l'événement, « toujours à nouveau », « jamais de la même manière », et « en dehors de lui », « dans l'actualité elle-même ». Comment ? Par une « actualité » qui « agit en lui »[2]. Philippe Ivernel a raison de déclarer que *Paris, capitale du XIXᵉ siècle* est en réalité *Paris, capitale du Front populaire*[3]. Le Paris du Front populaire écrit à l'encre sympathique le texte au milieu duquel Benjamin « cite » le XIXᵉ siècle. Le XIXᵉ siècle vient interpeller le présent à l'heure de la réunion des forces de gauche contre la montée du nazisme. C'est pourquoi, en 1935, l'exposé reste optimiste, mentionnant le surréalisme et la possibilité de « l'éveil » des images archaïques qui assombrissent alors l'Europe. Il s'agit de retourner ces images archaïques en images dialectiques, de reprendre à l'ennemi les forces de l'ivresse et du rêve, le matérialisme anthropologique, pour l'insuffler au matérialisme dialectique de plus en plus desséché à l'heure de la stalinisation. Mais en 1939, le Front populaire a trahi, les espoirs sont perdus, et l'exposé, qui ne fait plus allusion aux surréalistes ni à aucun autre espoir, se termine sur un Blanqui désespéré s'adressant aux hommes du XIXᵉ siècle comme à des apparitions venues de l'enfer des peines « éternelles

---

1. Jean de Lignières, « Le centenaire de la Presse », *Vendredi*, juin 1936, cité *in* PW, p. 926 (d12a, 2) [LP, p. 770].

2. PW, p. 588 (N7a, 1) [LP, p. 487].

3. Philippe Ivernel, « Paris, capitale du Front populaire », dans *Walter Benjamin et Paris*, Heinz Wismann (dir.), *op. cit.*, p. 249-272. Voir aussi Chryssoula Kambas, « Actualité politique : le concept d'histoire chez Benjamin et l'échec du Front populaire », *ibid.*, p. 273-284. Irving Wohlfarth a bien vu que cette actualité politique faisait que l'on ne lisait pas le *Livre des passages*. Irving Wohlfarth, « Pourquoi n'a-t-on pas lu le *Livre des passages* ? Conjectures sur une conjoncture », dans *Topographies du souvenir. « Le Livre des passages » de Walter Benjamin*, Bernd Witte (dir.), Paris, Presses de la Sorbonne nouvelle, 2007, p. 17-42.

et toujours nouvelles ». Ainsi, le passé interpelle différemment le présent de 1935 et de 1939. Benjamin résume :

> À propos de la doctrine élémentaire du matérialisme historique. 1) Est objet de l'histoire ce dont la connaissance s'accomplit comme sauvetage [*Rettung*]. 2) L'histoire se désagrège en images, et pas en histoires. 3) Chaque fois qu'un processus dialectique s'accomplit, nous avons affaire à une monade. 4) La présentation matérialiste de l'histoire comporte une critique immanente du concept de progrès. 5) Le matérialisme historique fonde sa démarche sur l'expérience, l'entendement raisonnable de l'homme, la présence d'esprit et la dialectique [1].

Le rapport entre le présent et le passé est d'immédiateté anthropologique au lieu de l'expérience concrète, originelle et unitaire ensevelie au fond du Grand Siècle, et il est d'expression figurative au fur et à mesure que l'on s'éloigne de cette origine *historique*. L'historien doit donc passer en même temps par ces images où s'entremêlent les formes techniques les plus nouvelles et les désirs collectifs les plus anciens, les formes tectoniques et les masques historicisants, les cyclistes et les crinolines, pour remonter jusqu'au lieu où ils n'étaient pas séparés, et les remettre dans une relation dynamique dans la vitalité de l'origine. L'origine de l'événement historique (révolution politique, industrielle, etc.) se trouve dans cette monade de rêve et d'action, lieu de la « seconde technique » (la technique moderne, plus précisément le moment ludique de cette technique, et même de toute technique) où l'enfant apprend à saisir en tendant sa main vers la lune. Et comme on ne pourrait parler à cet enfant qu'en se baissant un peu pour pénétrer son monde kinesthésique, la praxis originaire du XIX⁰ siècle ne nous parle vraiment que depuis notre propre monade de rêve et d'action, là où les « forces sociales élémentaires » ne sont pas encore étouffées par la technostructure. Par là, nous pourrons, *d'où nous sommes*, commencer à saisir aussi *pour nous* le lien profond entre les nouvelles techniques de construction et les rêves du collectif, tel qu'il n'a jamais été auparavant et tel qu'il ne sera jamais plus. Ici réside en tout cas le sens de la démarche de

1. PW, p. 595-596 (N11,4) [LP, p. 494].

Benjamin, qui définit ainsi les « concepts historiques fondamentaux » :
« la catastrophe – avoir manqué l'occasion ; l'instant critique – le
statu quo menace de se perpétuer ; le progrès – la première mesure
révolutionnaire » [1]. Le véritable progrès que le mouvement social
peut opposer au pseudo-progrès des fantasmagories de l'histoire
réside donc dans la première vraie décision révolutionnaire :
l'instauration d'un calendrier révolutionnaire signifiant l'interruption
du temps mécanique des horloges. Comme en juillet 1830, lorsque
les émeutiers tiraient sur les horloges.

Pour Benjamin, l'histoire ne constitue pas seulement une science.
Elle est aussi « une forme de remémoration » indissociable de sa
forme scientifique. À l'instar de l'analyste, elle ne se contente pas de
constater, elle peut aussi *modifier ce qu'elle a constaté*. Ainsi, elle peut
« transformer ce qui est inachevé (le bonheur) en quelque chose
d'achevé et ce qui est achevé (la souffrance) en quelque chose
d'inachevé » [2]. Le philosophe l'exprime encore autrement : dans la
représentation du bonheur « vibre la représentation de la rédemption.
Ce bonheur se fonde précisément sur la désespérance et sur la
déréliction qui étaient les nôtres. Notre vie, pour dire les choses
autrement, est un muscle qui a assez de force pour contracter la
totalité du temps historique. Ou encore, la conception authentique
du temps historique repose entièrement sur l'image de la rédemption. » [3]
Cette drôle de théologie de Benjamin ressemble à une psychanalyse
du collectif. Elle ne peut pas s'écrire de manière théologique, cela
même doit être « interdit » ; elle est intégrée à la démarche du chercheur
comme ce qui surgira de la collecte des rebuts de l'histoire.

---

1. PW, p. 593 (N10,2) [LP, p. 493].

2. PW, p. 588-589 (N8,1) [LP, p. 488]. Benjamin écrit cela en réponse à une lettre
d'Horkheimer du 16 mars 1937 sur la question de l'inachèvement de l'histoire.

3. PW, p. 599-600 (N13a, 1) [LP, p. 497].

fantasmagories, matérialisme anthropologique et mouvement social

Lorsque le bruit de la réalité survient dans la conscience de rêve, des images oniriques sont convoquées par l'inconscient d'une classe en renfort pour dormir « encore un petit quart d'heure ». Confrontée à la désolation sociale qu'elle a elle-même engendrée, la bourgeoisie présente ses propres produits par le biais d'un passé lointain. La nouvelle classe avance masquée par ses propres illusions. Pour légitimer la nouveauté qu'elle crée, elle l'affiche comme antique. Ses fantasmagories sont les simulacres sympathiques ou angoissants dans lesquels la bourgeoisie se protège d'une situation économique et sociale insupportablement pleine de tensions. À seule fin de distraire, ce refuge imaginaire se remplit d'images archaïques mêlées aux nouvelles expériences de la modernité, comme des courants profonds viennent s'unir aux eaux de surface.

Toute fantasmagorie représente ainsi un processus par lequel l'histoire originaire (*Urgeschichte*) entre en scène dans l'accoutrement le plus moderne. Les fantasmagories du XIXe siècle immobilisent le lointain dans le proche, fixent une image archaïque dans l'événement contemporain. Au confluent d'éléments modernes et d'autres archaïques, ces formes oniriques prennent leur source dans un « inconscient collectif », inconscient historique d'une classe (élucidé par le matérialisme dialectique) et inconscient universel de toutes les classes (déployé par le matérialisme « anthropologique »).

Si le fétichisme de la valeur d'échange renvoie au refoulement du travail, c'est avec des effets réels d'oppression. La fantasmagorie, elle, opère un simple refoulement de la réalité de l'échangisme dans un imaginaire collectif (celui d'une société réconciliée) qui permet à l'oppression de suivre son cours. Elle exprime une chose : cet ordre social ne veut pas connaître la mort. Il préfère accélérer le trafic, accroître le rythme de la transmission des nouvelles et déchaîner une véritable tempête optique. La mode se sert de la mort, sa complice, comme repoussoir, pour enchaîner ses cycles perpétuels. Rien ne meurt, tout se transforme dans la temporalité fantasmagorique.

Les fantasmagories se trouvent ainsi prises dans un flux perpétuel. Celui-ci culmine dans l'historicisme classique dont la téléologie redouble, pour Benjamin, la chosification théorique des créations humaines. La ligne droite de l'écoulement divin du temps se fait l'écho fantasmagorique du cycle infernal des machines dans le fétichisme. Théorie de la fantasmagorie et critique du progressisme sont étroitement liées. L'idéologie du progrès n'est, comme sur une bande de Mœbius, que le revers de l'immédiateté de la fantasmagorie éternellement répétée. Le « progrès » légendaire revient au fond à un « éternel retour » parce que cette temporalité ne réfléchit pas, incapable de s'extraire de son cercle infernal, enfermée dans une compulsion de répétition, réaffirmant toujours, comme Jung, Klages ou Heidegger, le mythe contre l'histoire. La bourgeoisie industrielle cherche partout, de la construction des passages aux perspectives haussmanniennes, à anoblir les nécessités techniques par de pseudo-fins artistiques, recréer du mythe, y compris historiciste, contre l'histoire elle-même. La fantasmagorie aménage une féerie peuplée de divinités – les marchandises – dans une temporalité idyllique – revers du travail à la chaîne – qui prend les traits utopiques de la société sans classe. Mais la figuration de cette société irénique n'a qu'une fonction de compensation de la violence des grandes villes. Pire : avec son esthétisation de l'économie politique, elle ouvre la voie à l'esthétisation fascisante du politique. Le rôle de l'historien consiste alors pour Benjamin à arracher ces traits utopiques à ce cadre mythologique pour les replacer dans le contexte révolutionnaire du matérialisme anthropologique.

La naissance des passages couverts répond aux premiers balbutiements du capitalisme industriel, tant du point de vue des causes économiques que de l'innovation technique qui stimule l'imagination utopique. L'influence de l'industrie s'opère d'abord sur l'image, et non sur le langage : parce que, par le machinisme, l'industrie réactive l'imaginaire du matérialisme anthropologique ; puis parce que, par le fétichisme, elle diffuse cet imaginaire, anesthésié, dans les fantasmagories. L'ordre de la domination bourgeoise doit être sublime, il doit ressembler à une société réconciliée. La fuite en avant de la valeur d'échange devant la valeur d'usage se radicalise : de forme capitaliste dans le fétichisme de la marchandise, elle devient forme anticapitaliste dans la fantasmagorie. Dans les fantasmagories du marché, on trouve mélangées, tout comme dans la fantasmagorie de l'intérieur, la nature la plus archaïque et la technique la plus moderne. L'Exposition universelle se veut une grande réconciliation des hommes entre eux et avec le cosmos dans le tourbillon flamboyant de l'industrie, une vibrante promesse de bonheur caricaturée par Grandville. La construction en fer naît de la libération d'un principe ludique dans la technologie. Elle fait signe vers les utopies socialistes, et rappelle l'image d'une société réconciliée, mais c'est par le biais de masques historicisants et naturalisants qui font perdurer un ordre inégalitaire. *Tout se passe, nous dit Benjamin, comme si l'on avait peur que le principe de construction délivré par le machinisme ne bouleverse l'ordre social et ne vienne établir des relations ludiques entre les hommes et la nature.* Plutôt que d'effectuer un pas de côté en s'appuyant sur le nouveau machinisme, plutôt que d'accepter la sortie hors d'une histoire linéaire caractérisée par la domination de l'homme sur l'homme et de l'homme sur la nature, on cherche à maintenir des masques pour justifier que le même vieil ordre social soit conservé. On ne fait pas voir le formidable potentiel du machinisme ni son appel à la libération ludique des hommes et de la nature.

Les tenants du matérialisme anthropologique, eux, l'ont bien vu. En 1930, regardant vers 1830, Benjamin dégage un certain nombre d'éléments « réfractaires » au marxisme, qui peuvent sauver le marxisme de n'être qu'une répétition des réifications de son adversaire. Ces éléments sont l'hostilité envers le « progrès », la volonté d'apocatastase (restauration finale du monde après sa destruction et/ou des créatures dans la pureté divine), éléments mystiques, religieux et mystagogiques (relatifs à l'initiation magique). Le « non-conformisme moral » peut permettre de corriger les tendances trop rationalisantes et progressistes de l'organisation « scientifique » du communisme à la Gueorgui Plekhanov (un révolutionnaire russe qualifié de chauvin et de réactionnaire par Trotski, qui croyait dans des « lois » immuables de l'histoire au détriment des révolutions réelles). L'écart absolu du matérialisme anthropologique incarne pour le philosophe allemand une critique de la rationalisation forcée, du scientisme et d'une conception mécanique du « progrès » propres au marxisme vulgaire. Et cela d'autant plus que le matérialisme anthropologique est *de ce monde*, à la base des principes du machinisme et de son architecture. Le matérialisme anthropologique ne caractérise en effet que la vision des forces naturelles d'attraction et de répulsion telles qu'elles s'appliquent *déjà* à l'homme lorsqu'il est créatif. Il se présente dans la « seconde technique » (moment ludique de toute technique), dans le jeu de l'enfant, dans le regard enfantin qu'une époque peut avoir sur la précédente ; mais il se voit aussitôt « comprimé », la seconde technique inféodée aux visées de domination de la première technique, l'enfant pressé de devenir sérieux, l'époque qui vient de passer s'évanouissant derrière les masques d'époques plus anciennes. Fourier, Saint-Simon et Claire Démar (pour ne prendre qu'eux) appellent à une société véritable fondée sur le même dynamisme attrayant de la machine, dans un monde où les hommes se seraient réconciliés entre eux et avec la nature. Comme en écho, les insurgés de 1830 cherchent à interrompre le cours du temps en tirant sur les horloges. Ces forces créatives, dangereuses pour l'ordre social, se voient aussitôt emprisonnées dans la toile d'araignée de la fantasmagorie.

Le « matérialisme anthropologique » des saint-simoniens d'avant 1830 a tourné, à la faveur du fétichisme de la marchandise, à la fantasmagorie. L'idée d'appliquer l'attraction newtonienne à des relations égalitaires entre les hommes a été remplacée par la religion de l'industrie planétaire et le principe de hiérarchie. Les fantasmagories de l'intérieur en ont récupéré les forces, les ont « historicisées », « naturalisées », bref fixées dans un passé à contempler. « Y vivre, note Benjamin, c'était chercher refuge au centre d'une toile d'araignée serrée qu'on avait soi-même filée et tissée et à laquelle étaient accrochés les événements de l'histoire universelle, éparpillés comme autant de dépouilles d'insectes vidées de leur substance. On ne veut pas abandonner cet antre. »[1]

Le collectif bourgeois impose ses rêves[2]. Ses fantasmagories atténuent la conscience grandissante que la bourgeoisie elle-même a de sa domination sur les hommes et sur la nature. Mais elles trahissent ce qu'elles fuient et expriment en même temps le désir d'une autre société. Les panoramas, par exemple, en réintroduisant la nature en ville, trahissent que la bourgeoisie des villes a triomphé du régime féodal. Mais, en même temps, ils compensent cet état de fait et fournissent une distraction, une illusion de nature à portée de main. Avec ses fantasmagories, la bourgeoisie exprime le désir universel de retourner dans le sein maternel et le désir historique de se protéger des autres classes ; elle signale à la fois les nécessités de l'histoire originaire (*Urgeschichte*), ayant-été en tant qu'*ayant-été de toujours*, et celles de l'histoire, ayant-été en tant qu'ayant-été de la veille (*Gewesene*).

Cette éclosion de l'imaginaire utopique en relation avec la structure sociale et sa torsion vers l'arrière représente l'objet principal de *Paris, capitale du XIXᵉ siècle*, que Benjamin résume dans le terme de fantasmagorie. Le refoulement des conditions techniques suit le mouvement du refoulement des conditions économiques opéré par le fétichisme de la marchandise. La bourgeoisie effrayée de sa propre grandeur détourne l'utopie socialiste sur le point, avec Saint-Simon et Fourier, d'accompagner le mouvement industriel et d'en réaliser socialement les virtualités techniques. L'imagerie utopique possède une fonction idéologique contre le mouvement utopique lui-même. Comment sortir de cette impasse ?

la démarche d'un chiffonnier

Les rêves de l'humanité ont paradoxalement empêché l'accomplissement de leur nécessité interne. Mais, tout aussi paradoxalement, ils l'expriment. En 1817, on peut voir cette force

---

1. PW, p. 286 (I2,6) [LP, p. 234].
2. PW, p. 1033 (O°, 67) [LP, p. 859].

de l'ivresse dans les passages venus « trop tôt », dans la lumière vacillante du gaz et face aux séduisantes odalisques des lampes à huile. Avant que l'ivresse ne disparaisse peu à peu sous la lumière blanchâtre de l'électricité et qu'elle ne soit captée par les « fantasmagories », formes modernes du mythe qui arborent superficiellement l'éclat de l'utopie et possèdent profondément la fonction de l'idéologie. En 1930, Benjamin peut encore récupérer cette force, sous forme de rebuts, dans les passages désertés, dans un « trop tard ». Tel un chiffonnier, Benjamin ramasse dans cette tension entre le « trop tôt » et le « trop tard » les débris de la vie onirique du collectif. Ici se manifeste un élément « réfractaire au marxisme » et qu'il faut pourtant concilier : la volonté d'apocatastase, réunion de tous les éléments enivrants du « c'était trop tôt » et du « c'est trop tard » dans une même tentative pour analyser *et* interrompre, d'une manière surréaliste et marxiste, le cours du monde. Un siècle après, ces rêves du XIXe siècle sont accessibles sous forme de loques, de rebuts, de ruines du passé récent. L'industrie affirme alors pleinement sa nature conquérante : elle détruit finalement les passages au profit de grands magasins sans magie, sur le modèle des entrepôts américains de fer et de béton. Ces ruines d'un monde onirique forment comme les fragments d'un désir qui, une fois reconstitué, peut enfin se réaliser. Le moment est venu alors même que ce monde va disparaître. Ce dernier a besoin d'un « chiffonnier » qui, rageur, entêté et légèrement ivre, épingle avec son bâton des chiffons de discours et des haillons de langage pour les jeter dans sa charrette, non sans laisser flotter de temps en temps au vent l'un ou l'autre de ces calicots déteints, ces vieilles fantasmagories : l'intérieur, le marché, l'histoire, la philanthropie, la culture, l'union des producteurs, l'« humanisme », l'« intériorité » ou encore la « profondeur ».

Le chiffonnier exprime à la fois la temporalité infernale du fétichisme et la temporalité pleine à craquer du matérialisme anthropologique, fissurant la temporalité homogène de la fantasmagorie. Il traverse la réification et les mythes modernes qui la recouvrent jusqu'aux différentielles entraperçues à chaque instant. Sous la fantasmagorie, il perçoit les corps réifiés, sous les corps réifiés, la véritable expérience historique. Sous la temporalité horizontale de la fantasmagorie, il perçoit la temporalité cyclique du fétichisme, et sous cette dernière, il révèle la temporalité verticale du matérialisme anthropologique, sans cesse interrompue. Sa démarche se voit scandée par le télescopage de plusieurs dimensions d'habitude policées en une seule. La lumière de la totalité ne peut surgir que de rebuts en quelque sorte équidistants d'un centre inaccessible. Sa collecte traduit le champ de forces en présence, et sa démarche exprime elle-même l'intention utopique. Elle procède selon un « jeu harmonien » des rebuts entre eux. Elle ne se veut pas pédagogique, mais institue une critique en acte de la réalité et de sa construction. Ce personnage épistémologique refait le partage du sensible, apprenant au lecteur que ce repartage demeure possible, que ce même geste peut être répété en d'autres lieux, en d'autres temps.

Sommé par le présent de se tourner vers le passé, le chiffonnier peut faire revivre ces rebuts, perles dégagées de leur fossilisation, dans un jeu « harmonien » entre eux. Au fur et à mesure qu'il avance dans l'histoire des fantasmagories, il dégage leur principe émancipateur des masques qui le réprimaient : la technique, la forme tectonique, le principe de construction – au fond, le principe d'attraction universelle du matérialisme anthropologique. Mais les images exprimant ce principe sont comme prises dans un système de vases communicant : alors que les éléments rationalistes du mouvement social se substituent à son pathos romantique et « anticonformiste », les fantasmagories privées récupèrent cet imaginaire dans leur intérieur, refuge face aux violences de l'extérieur. Le pathos passionnel qui nourrit les mouvements sociaux se rapetisse dans l'intérieur irénique du bourgeois. Le monde public tissé d'attractions et de répulsions ne forme plus, dans cet intérieur, qu'un spectacle privé destiné au seul particulier. La fonction de ce spectacle n'est plus de créer de nouvelles formes de vie, mais d'organiser la fuite devant elles. Il n'exprime plus un espoir surgi des cendres de la désolation, mais un déni de celle-ci qui lui permet de suivre son cours. Ainsi, le mouvement social perd les forces créatrices du matérialisme anthropologique avec lequel il avait été en affinité jusqu'au milieu du XIXᵉ siècle. Ainsi, également, la fantasmagorie entretient une affinité élective avec le capitalisme naissant, le réenchantant un peu pour finir de désenchanter le monde.

Avec les fantasmagories, l'esthétisation de la vie économique (qui figure une société irénique) peut se déployer dans un sens totalitaire. Pourtant, les images utopiques qui s'y trouvent instrumentalisées abritent aussi des lieux d'éveil. Comme un retour du refoulé, une affiche publicitaire pour un bicarbonate de soude ressurgit à la mémoire de Benjamin aux seuls mots « Sel Bullrich » :

> Je l'avais une nouvelle fois sous les yeux : au premier plan, une voiture tirée par des chevaux avançait dans le désert. Elle transportait des sacs sur lesquels était écrit "Sel Bullrich". Un de ces sacs était percé et du sel avait déjà coulé par terre sur une certaine distance. À l'arrière-plan, dans le désert, deux poteaux portaient une grande enseigne avec les mots : "Est le meilleur". Mais que faisait la trace de sel sur la piste dans le désert ? Elle traçait des lettres qui formaient les mots : "Le sel Bullrich". L'harmonie préétablie d'un Leibniz n'était-elle pas un simple enfantillage à côté de cette prédestination si précisément inscrite dans le désert ? Et cette affiche ne donnait-elle pas une métaphore de certaines choses dont personne n'a encore fait l'expérience ici-bas ? Une image de la quotidienneté de l'utopie ? [1]

Si « le vrai est un moment du faux » pour le chiffonnier, ce n'est pas en tant que les discours subversifs se transforment immédiatement en slogans publicitaires dans la société du spectacle, mais plutôt en ce que des slogans publicitaires peuvent se transformer en discours subversifs dans un repartage utopique du sensible. Il y a du matérialisme anthropologique dans les fantasmagories ; le tout est de le réactiver.

Ainsi, le chiffonnier reste attentif aussi bien à l'immoralité du matérialisme anthropologique qu'à la vigilance du matérialisme dialectique, aussi bien au « non-conformisme moral » qu'à la

---

1. PW, p. 235-236 (G1a, 4) [LP, p. 193].

« révolution prolétarienne »[1]. Sa démarche se partage entre deux saccades : l'une venue de son ivresse, sommation d'un ordre supérieur, l'autre sortie du rythme des machines qui produisent les déchets ; une saccade héritée du matérialisme anthropologique, une autre venue du monde dévoilé par le matérialisme dialectique. Comme modèle d'un nouveau type de savant, le chiffonnier se trouve pris entre deux feux : d'un côté, le monde réifié par le fétichisme de la marchandise ; de l'autre, une véritable société, une utopie socialiste que caractérisent l'ivresse et le jeu. S'il se fondait dans le premier monde, il se soumettrait sans concession à la réification généralisée, comme ces marxistes qui réifient le temps des sociétés ; dans le deuxième monde, il s'évaderait sans fin dans l'empire inexistant de « l'authenticité », comme Jung, comme Klages, comme Heidegger, « prisonniers » de leur ivresse. La démarche du chiffonnier se heurte à cette tension : entre réification inacceptable et authenticité irréalisable. Mais les deux saccades du chiffonnier n'en établissent au fond qu'une seule : le surgissement du matérialisme anthropologique dans un monde réifié équivaut à la réification d'un geste libre qui vient à chaque instant de surgir (*Gewesene*).

Le pas saccadé du chiffonnier crée un jeu « harmonien » avec les rebuts de la société et de l'histoire qu'il collecte, et révèle la société d'harmonie refoulée à chaque instant par la société du fétichisme et des fantasmagories. Le *Lumpensammler* est Lumpenprolétaire en un double sens – vêtu de chiffons, il collecte des chiffons – : lui-même exclu, à la marge, il a la capacité de saisir les différentielles de temps social, les rebuts de l'histoire. Tout ce que la grande cité a rejeté, tout ce qu'elle a brisé, il le catalogue, le collectionne. Sa démarche historico-sociologique procède selon une tendre empirie, qui se rend intimement identique au rebut et devient *par là même* véritablement théorie.

Le chiffonnier articule alors les espoirs et les regrets qui grouillent dans les ténèbres d'un monde parallèle. Il nomme ce qui ne l'était pas en son propre nom. Pour cela, il procède par « montage littéraire »

1. Emmanuel Berl, « Premier pamphlet », *Europe n° 75*, 15 mars 1929, cité in PW, p. 852 (a1,1) [LP, p. 709].

des éléments des fantasmagories et du mouvement social. Il collecte les rebuts de l'observation, catalogue les déchets du monde phénoménal, reconstitue l'ampleur d'un fantasme et, imbriquée en lui, l'épaisseur de l'expérience. Il cherche les correspondances entre une anecdote oubliée, une vérité échappée au philanthrope ou extraite d'un vers d'ouvrier, tout comme l'analyste cherche des correspondances entre un souvenir d'enfance, une névrose et un acte manqué pour reconstituer un désir. Le chiffonnier assume, à partir des lapsus, oublis et actes manqués du collectif, la tâche de l'interprétation des rêves d'une société. Il ramasse patiemment, au cœur des architectures et des spectacles, les bribes du révolu qui le frappent à chaque instant. La mosaïque qu'il compose laisse poindre une polarisation : la vitalité d'un désir d'un côté, ses masques nostalgiques de l'autre.

La démarche du chiffonnier consiste à provoquer un partage au-delà d'elles-mêmes des lignes de la fantasmagorie et du mouvement social, comme dans la ligne d'Apelle[1]. L'utopie réside dans le principe constructeur comme dans les masques historicisants. Il s'agit d'en rassembler les morceaux épars pour la reconstituer. Mais l'utopie ne l'est qu'en tant que possibilité d'extension du matérialisme anthropologique, réinventé chaque jour par quelques hommes créatifs et par le jeu enfantin. La réinvention de la vie se répète à chaque instant dans la forêt de symboles du milieu des correspondances, mais elle se trouve sans cesse arrêtée par le fétichisme de la marchandise, par saccades. Ces saccades informent la démarche singulière de

---

1. PW, p. 588 (N7a, 1) [LP, p. 487]. Dans ce fragment sur une ligne « qui reçoit sa division par-delà elle-même », Benjamin fait allusion à la « section d'Apelle », du nom d'un fameux peintre grec du quatrième siècle avant J.-C. dont la ligne fit longtemps l'admiration de l'Antiquité. Un jour qu'il rendait visite au grand peintre Protogène, ce dernier étant absent, Apelle laissa une trace de son passage en dessinant une ligne d'une extrême ténuité sur un tableau qui attendait d'être peint. Protogène, qui reconnut à cette trace son visiteur, traça dans cette ligne une ligne encore plus fine, d'une autre couleur. Lorsqu'il revint, Apelle, agacé d'avoir été surpassé, refendit avec une troisième couleur les deux traits précédents. Protogène s'avoua vaincu, déclarant que rien de plus parfait ne pouvait être fait. Le principe méthodologique de Benjamin consiste donc à tracer la ligne la plus fine possible au sein d'un phénomène culturel étudié là où il semble impossible de dégager de nouveaux contrastes.

Benjamin. « Comprendre ensemble Breton et Le Corbusier, écrit Benjamin dans les années trente, cela voudrait dire tendre l'esprit de la France d'aujourd'hui comme un arc qui permet à la connaissance de frapper l'instant en plein cœur. »[1] Comprendre ensemble Breton et Le Corbusier revient à comprendre ensemble le style historicisant recelant l'utopie sous le mythe, et le style constructeur enfouissant l'émancipation dans le fonctionnalisme industriel. Ainsi le chiffonnier cherche-t-il non pas à « séparer » superficiellement la mythologie de l'histoire, avec le risque, comme sous le régime hitlérien, que la mythologie ne revienne en force, mais de *dissoudre* la mythologie dans l'histoire, comme on dissout le cristal de la fantasmagorie pour y révéler l'utopie. Un principe d'émancipation subsiste derrière les masques narcotiques du XIXᵉ siècle. Mais une possibilité totalitaire se maintient dans ce principe d'émancipation (de Le Corbusier à Speer). Et sur ces masques potentiellement totalitaires (de Dali à… Dali !) s'exprime une véritable expérience historique qui traduit le même désir d'émancipation. Par-delà la ligne de partage entre masque et émancipation, il existe une ligne de partage, au sein du masque, entre masque et émancipation et, au sein de l'émancipation, entre émancipation et masque. Le chiffonnier cherche à les réactiver l'un par l'autre, tenant en main les éléments disjoints de l'émancipation dans cette dialectique en abyme, vers l'« apocatastase[2] » finale.

---

1. PW, p. 573 (N1a, 5) [LP, p. 476].
2. PW, p. 573 (N1a,3) [LP, p. 475-476].

bibliographie

NB. Les livres du XIX⁰ siècle sont (aussi ou seulement) disponibles sur www.gallica.fr.

Pour une bibliographie plus exhaustive sur Walter Benjamin et les études benjaminiennes, nous nous permettons de renvoyer à la bibliographie à la fin de notre ouvrage Marc Berdet, *Walter Benjamin. La passion dialectique*, Paris, Armand Colin, 2014 et au site internet : www.anthropologicalmaterialism.hypotheses.org.

ABENSOUR Miguel, *L'utopie de Thomas More à Walter Benjamin*, Paris, Sens et tonka, 2000.

ADORNO Theodor, *Essais sur Wagner*, Paris, Gallimard, 1981.

ADORNO Theodor, *Kierkegaard*, Paris, Payot, 1995.

AGAMBEN Giorgio, « Le prince et le crapaud. Le problème de la méthode chez Adorno et Benjamin », dans *Enfance et histoire*, Paris, Payot, 2002, p. 187-215.

AGAMBEN Giorgio, *Stanze. Parole et fantasme dans la culture occidentale*, Paris, Payot, 1998.

ARAGON Louis, *Le paysan de Paris*, Paris, Gallimard, 1972.

ARMAND Félix et MAUBLANC René, *Fourier*, Paris, éditions sociales internationales, 1937.

ARON Raymond, *Les étapes de la pensée sociologique*, Paris, P.U.F., 1967.

BALZAC Honoré de, *La comédie humaine*, Paris, Omnibus, 1999.

BAUDELAIRE Charles, *Œuvres complètes*, Paris, Robert Laffont, 1980.

BEHNE Adolf, *Neues Wohnen – neues Bauen*, Leipzig, Hesse & Becker, 1927.

BENJAMIN Walter, *Briefwechsel Adorno-Benjamin 1928-1940*, Francfort, Suhrkamp, 1994.

– *Briefwechsel Gretel Adorno-Walter Benjamin*, Francfort, Suhrkamp, 2005.

– *Charles Baudelaire : un poète lyrique à l'apogée du capitalisme*, Paris, Payot, 2002.

– *Correspondance Adorno-Benjamin 1928-1940*, Paris, La Fabrique, 2003.

– *Correspondance Gretel Adorno-Walter Benjamin 1930-1940*, Paris, Le promeneur, 2007.

– *Correspondance I*, 1910-1928, Paris, Aubier-Montaigne, 1979.

– *Correspondance II*, 1929-1940, Paris, Aubier-Montaigne, 1980.

– *Enfance, Paris*, Payot, 2011.

– *Essais sur Brecht*, Paris, La Fabrique, 2003.

– *Gesammelte Briefe 1910-1940* [*Correspondance complète*], 6 volumes, Francfort, Suhrkamp, 1995-2000.
– *Gesammelte Schriften* [*Œuvres complètes*], Francfort, Suhrkamp, 1972-1999.
– *Je déballe ma bibliothèque. Une pratique de la collection*, Paris, Rivages, 2000.
– *Œuvres I-III*, Paris, Gallimard, 2003.
– *Origine du drame baroque allemand*, Paris, Flammarion, 2009.
– *Paris, capitale du XIXe siècle. Le livre des passages*, Paris, Les éditions du Cerf, 1989.
– *Sens unique*, Paris, Maurice Nadeau, 1991.
– *Walter Benjamin. Archives*, Ursula Marx (dir.), Paris, Klincksieck, 2011.
– *Werke und Nachlaß. Kritische Gesamtausgabe* [*Œuvres et inédits. Édition critique intégrale*], Berlin, Suhrkamp, 2008-.
BERDET Marc, *Fantasmagories du capital. L'invention de la ville-marchandise*, Paris, La Découverte / Zones, 2013.
– *Walter Benjamin. La passion dialectique*, Paris, Armand Colin, 2014.
– « Chiffonnier contre flâneur. Construction et position de la *Passagenarbeit* », *Archives de philosophie* n° 75, 2012, p. 425-447.
BLANQUI Auguste, *Critique sociale*, Paris, éditions Dittmar, 2012.
BLANQUI Auguste, *L'éternité par les astres. Une hypothèse astronomique*, Paris, Sens et Tonka, 2000.
BLOCH Ernst, *Héritage de ce temps*, Paris, Payot, 1978.
BOEHNE Max von, *Die Mode. Menschen und Moden im neunzehnten Jahrhundert*, Munich, Bruckmann, 1919.
BOUDON Raymond, *Etudes sur les sociologues classiques*, Paris, P.U.F., 1998.
BRETON André, « La grande actualité poétique », in *Minotaure. Revue artistique et littéraire*, II, 6, Paris, Skira, hiver 1935.
– *Nadja*, Paris, Gallimard, 1964.
BUCK-MORSS Susan, *The Dialectics of Seeing. Walter Benjamin and the Arcades Project*, Cambridge-Londres, MIT Press, 1991.
CAILLOIS Roger, *Le mythe et l'homme*, Paris, Gallimard, 1938.
CASSOU Jean, *Quarante-Huit*, Paris, Gallimard, 1939.
CONRAD Joseph, *La ligne d'ombre*, Paris, Gallimard, 2010.
CURTIUS Ernst, *Balzac*, Paris, Éditions des Syrtes, 1999.
DALI Salvador, *Oui. La révolution paranoïaque-critique*, Paris, Denoël, 2004.
DÉMAR Claire, *Appel au peuple sur l'affranchissement de la femme*, Paris, Albin Michel, 2001.
DONCOURT A. S., *Les Expositions universelles*, Lille-Paris, J. Lefort éditeur, 1889.

DU CAMP Maxime, *Paris. Ses organes, ses fonctions et sa vie dans la seconde moitié du XIXᵉ siècle*, Paris, Hachette, 1869.

DUPONT Pierre, *Chants et chansons*, Paris, chez l'éditeur, 1858.

ENGELS Friedrich, *La situation de la classe laborieuse en Angleterre*, Paris, Éditions Sociales, 1975.

ENGLÄNDER Sigmund, *Geschichte der französischen Arbeiter-Associationen*, Hamburg, Hoffmann und Campe, 1864.

FABIEN Jacques, *Paris en songe*, Montrouge, Burozoïque, 2010

FOUGÈRE Henri, *Les délégations ouvrières aux expositions universelles sous le Second empire*, Montluçon, imprimerie de A. Herbin, 1905.

FOURIER Charles, *Le nouveau monde industriel et sociétaire, ou l'invention du procédé d'industrie attrayante et naturelle distribuée en séries passionnées*, Paris, Presses du Réel, 2001.

– *Théorie des quatre mouvements et des destinées générales*, suivi de *Le nouveau monde amoureux*, Paris, Presses du Réel, 1998.

FOURNEL Victor, *Paris nouveau et Paris futur*, Paris, J. Lecoffre, 1865.

FRÉGIER Honoré Antoine, *Des classes dangereuses de la population dans les grandes villes et des moyens de les rendre meilleures*, Paris, Hachette, 1971.

FREUND Gisèle, *Photographie et société*, Paris, Seuil, 1974.

FUCHS Eduard, *Illustrierte Sittengeschichte von Mittelalter bis zur Gegenwart. Das bürgerliche Zeitalter*, Munich, A. Langen, 1912

FULBROOK Mary, « Max Weber's 'Interpretive Sociology' : A Comparison of Conception and Practice », *The British Journal of Sociology*, vol. 29, n° 1, mars 1978, p. 71-82

GAGNEBIN Jeanne-Marie, *Histoire et narration chez Walter Benjamin*, Paris, L'Harmattan, 1994.

GALL Ferdinand von, *Paris und seine Salons*, Oldenburg, Schulze, 1844-1845.

GASTINEAU Benjamin, *Les romans du voyage. La vie en chemin de fer*, Paris, E. Dentu, 1861.

GAUTIER Théophile et alii, *Paris et les parisiens au XIXᵉ siècle*, Paris, Morizot, 1856.

GAY Sophie, *Salons célèbres*, Bruxelles, Méline, Cans et Cie, 1837.

GEFFROY Gustave, *Blanqui l'enfermé*, Paris, Fasquelles, 1926.

GIEDION Sigfried, *Construire en France, en fer, en béton*, Paris, Éditions de la Villette, 2000.

GOETHE Johan Wolfgang von, *Faust I et II*, Paris, Flammarion, 1999.

GRANDVILLE J. J., *Un autre monde*, Paris, Garnier, 2010.

GROSSEIN Jean-Pierre, introduction à Max Weber, *L'éthique protestante et l'esprit du capitalisme, op. cit.*, p. V-LVIII.

GRUND Helen, *Vom Wesen der Mode*, Munich, Meisterschule für Deutschlands Buchdrucker, 1935.

GUTZKOW Karl, *Briefe aus Paris*, Leipzig, Brockhaus, 1842.

HAUSSMANN Georges Eugène, *Mémoires*, Paris, Seuil, 2000.

HOWE Richard Herbert, « Max Weber's Elective Affinities : Sociology Within the Bounds of Pure Reason », *The American Journal of Sociology* vol. 84, n° 2, Chicago, University of Chicago Press, septembre 1978, p. 366-385.

HUGO Victor, *Œuvres complètes*, Paris, André Martel, 1955.

IBSEN Henri, *Le constructeur Solness*, Paris, Actes Sud, 1994.

KAUFMANN Emil, *De Ledoux à Le Corbusier : origine et développement de l'architecture autonome*, Paris, Éditions de La villette, 2002.

KIERKEGAARD Soren, *Étapes sur le chemin de la vie*, Paris, Gallimard, 1979.

KLOSSOWSKI Pierre, « Entre Marx et Fourier », *Le monde*, 31 mai 1969, supplément au n° 7582 (page spéciale consacrée à Walter Benjamin), in Denis Hollier, *Le collège de sociologie*, Paris, Gallimard, 1995, p. 883-884.

KORSCH Karl, *Karl Marx*, Paris, Ivrea, 2002.

KRACAUER Siegfried, *Jacques Offenbach ou le Paris du second Empire*, Paris, Gallimard, 1994.

LAFARGUE Paul, *Le déterminisme économique de Karl Marx*, Paris, L'Harmattan, 1997.

– *Le droit à la paresse*, Paris, La Découverte, 2010.

LARONZE Georges, *Le baron Haussmann*, Paris, P.U.F., 1932.

LE CORBUSIER, *Urbanisme*, Paris, Flammarion, 2011.

LÉONARD Mathieu, *L'émancipation des travailleurs. Une histoire de la Première Internationale*, Paris, La Fabrique, 2011.

LEOPARDI Giacomo, *Petites œuvres morales*, Paris, Allia, 2007

LEVASSEUR Émile, *Histoire des classes ouvrières et de l'industrie en France de 1789 à 1870*, Paris, A. Rousseau, 1903-1904.

LINDNER Buckhardt, « Was ist das Passagen-Werk ? », *in* SCHALZ Nicolas et RAUTMANN Peter (dir.), *Urgeschichte des zwanzigsten Jahrhunderts. An Walter Benjamins Passagen-Projekt weiterschreiben. Ein Bremer Symposion*, Brême, Hardcover, 2006, p. 77-94.

LÖWY Michaël, « Le concept d'affinité élective chez Max Weber », *Archives de sciences sociales des religions* n° 127, Paris, juillet-septembre 2004, p. 93-103.

– « Walter Benjamin et le surréalisme. Histoire d'un enchantement révolutionnaire », *Europe n° 804*, p. 79-90.

– *Rédemption et utopie. Messianisme juif et utopies libertaires en Europe centrale. Une étude d'affinité élective*, Paris, P.U.F., 1988.

MANNHEIM Karl, *Idéologie et utopie*, Paris, éditions de la MSH, 2006.

MARX Karl, *Contribution à la critique de l'économie politique*, Paris, Éditions Sociales, 1972.

– *Le 18 brumaire de Louis Bonaparte*, Paris, Flammarion, 2007.

– *Le capital*, Paris, éditions Sociales, 1978.

MESSAC Régis, *Le « detective novel » et l'influence de la pensée scientifique*, Amiens, Encrage, 2011.

MICHELET Jules, *Le peuple*, Paris, Flammarion, 1993.

Minotaure. Revue artistique et littéraire, Paris, Skira, 1933-1939

NIETZSCHE Friedrich, *La volonté de puissance*, Paris, Gallimard, 1995.

Paris désert. Lamentations d'un Jérémie haussmannisé, Paris, Imprimerie de Towne, 1868.

Passagen. Walter Benjamins Urgeschichte des XIX. Jahrhunderts, BOLZ Norbert W. et WITTE Bernd (dir.), Munich, W. Fink, 1984.

PASSERON Jean-Claude, introduction à Max Weber, *Sociologie des religions*, Paris, Gallimard, 1996, p. 1-49 et p. 51-118.

PETITDEMANGE Guy, « Le seuil du présent. Défi d'une pratique de l'histoire chez Walter Benjamin », dans *Philosophes et philosophies du XX* e *siècle*, Paris, Seuil, 2003, p. 53-102.

PORCHÉ François, *La vie douloureuse de Charles Baudelaire*, Paris, Plon, 1926.

PROUST Françoise, *L'histoire à contretemps. Le temps historique chez Benjamin*, Paris, Les éditions du Cerf, 1994.

PYAT Félix et alii, *Les français peints par eux-mêmes*, Paris, 1852.

– *Le chiffonnier de Paris. Drame en cinq actes et douze tableaux*, Paris, Michel Lévy Frères, 1847.

RATTIER Paul-Ernest, *Paris n'existe pas*, Paris, Allia, 2013.

RENAN Ernest, *Essais de morale et de critique*, Paris, Michel-Lévy Frères, 1859.

RIAZANOV David, *Marx et Engels. Conférences*, Paris, Les bons caractères, 2006.

ROUSSEAU Jean-Jacques, *Les confessions*, Paris, Gallimard, 2009.

SAND Georges, *Le diable à Paris*, Paris, Mille et une nuits, 2004.

SÉGUY Jean, *Conflit et utopie, ou réformer l'Eglise. Parcours wébérien en douze essais*, Paris, Les éditions du Cerf, 1999, p. 76-98.

SIMMEL Georg, *Philosophie de l'argent*, Paris, P.U.F., 1999.

SIMMEL Georg, *Philosophie de la modernité*, Paris, Payot, 2004.

STAHL Fritz, *Paris. Eine Stadt als Kunstwerk*, Berlin, Mosse, 1928.

STARK Werner, *The sociology of Knowledge*, Londres, Routledge & Kegan Paul, 1958.

VEUILLOT Louis, *Les odeurs de Paris*, Paris, G. Crès, 1914.

VILLERMÉ Louis-René, *La mortalité dans les divers quartiers de Paris*, Paris, La Fabrique, 2008.

VISCHER F. Th., *Mode und Cynismus*, Stuttgart, K. Wittwer, 1879.

WALTER BENJAMIN ARCHIV, *Bilder, Texte und Zeichen* [*Images, textes et signes*], Francfort, Suhrkamp, 2007.

Walter Benjamin et Paris, WISMANN Heinz (dir.), actes du colloque international des 27-29 juin 1983, Paris, Les éditions du Cerf, 1986.

Walter Benjamin, Asthetik und Geschichtsphilosophie / Walter Benjamin, esthétique et philosophie de l'histoire, RAULET Gérard et STEINER Uwe (dir.), Berne, Peter Lang, 1998 [actes du colloque tenu à Paris, en 1995, textes en allemand et en français].

WEBER Max, *L'éthique protestante et l'esprit du capitalisme*, Paris, Gallimard, 2003.

– *Sociologie des religions*, Paris, Gallimard, 1996.

WEIDLÉ Wladimir, *Les abeilles d'Aristrée. Essai sur le destin actuel des lettres et des arts*, Paris, Gallimard, 1954.

WINTER J. Alan, « Elective Affinities Between Religious Belief's and Ideologies of Management in Two Eras », *The American Journal of Sociology*, vol. 79, n° 5, mars 1974, p. 1134-1150.

WOHLFARTH Irving, « Die Passagenarbeit » in *Benjamin Handbuch. Leben-Werk-Wirkung*, LINDNER Burkhardt (dir.), Stuttgart-Weimar, J. B. Metzler, 2006, p. 251-274.

– « Pourquoi n'a-t-on pas lu le *Livre des passages* ? Conjectures sur une conjoncture », *in* WITTE Bernd (dir.), *Topographies du souvenir. « Le Livre des passages » de Walter Benjamin*, Paris, Presses Sorbonne Nouvelle, 2007, p. 17-42.

remerciements

Aux collègues et amis sociologues et anthropologues du Cetcopra de l'Université Paris 1 Panthéon-Sorbonne qui ont soutenu la gestation de ce travail dans le cadre d'un doctorat ; à Hans-Peter Krüger de la faculté de philosophie de l'université de Potsdam (Allemagne), qui en a hébergé la réécriture dans le contexte d'un projet postdoctoral Marie Curie (UE) ; à Ursula Marx, Michael Schwarz et Erdmut Wizisla, qui m'ont accueilli aux Archives Benjamin de Berlin ; au CIERA, lieu fécond d'échanges franco-allemands ; à la DGAPA, à Elsa RBrondo et le soutien quotidien de son imagerie baroque et surtout à Esther Cohen et son exceptionnel sens de l'hospitalité non seulement au *Centro de poética* de l'Institut de recherches philologiques de l'Unam, mais aussi dans la ville de Mexico, lieu extraordinaire de survivance de quelques *pepenadores* ; au CONICYT, à Alfonso Iommi, Enrique Morales et Bruno Cuneo de l'Institut d'art de la PUCV, pour lesquels ce livre marque le début d'une collaboration *ojalá* fructueuse.

Cet ouvrage participe d'une trilogie composée de *Walter Benjamin. La passion dialectique* (Paris, Armand Colin, 2014), qui met la démarche exposée ici à l'épreuve d'autres objets (littérature, cinéma…) et de *Fantasmagories du capital. L'invention de la ville-marchandise* (Paris, La Découverte / Zones, 2013), qui l'actualise sur des espaces quotidiens d'aujourd'hui (centres commerciaux, architecture postmoderne…).

table des matières

Achevé d'imprimer en avril 2023
sur les presses de
La Manufacture - Imprimeur – 52200 Langres
Tél. : (33) 325 845 892

N° imprimeur : 230258 - Dépôt légal :septembre 2015
Imprimé en France